JN069018

TAFELZEICHNEN

黒板絵

シュタイナー・メソッド

Margrit Jünemann マルグリット・ユーネマン 著

井藤 元 / 小木曽 由佳 訳

イザラ書房 IZARA

Tafelzeichnen
:Pädagogisch-künstlerische Gesichtspunkte
Margrit Jünemann
© Verlag Freies Geistesleben GmbH, Stuttgart 1995

訳者まえがき

4月のはじめ、吹き渡る風まで輝いて見えるような青空の朝。花のアーチをくぐり、晴れて小学校の新1年生として迎えられた子どもたちは、担任の先生に導かれ、一列になって教室に向かっていきました。

自分の机に案内されると、緊張した面持ちで着席します。嗅いだことのない教室の匂い。初めて見る先生の顔。まだ名前も知らない同級生。着なれないジャケット。目の前には、まっさらな黒板。

先生は子どもたちの前に立ち、静かにチョークを手に取って、黒板上に垂直方向に線を描きます。それは、「光」を示す黄色で引かれた、まっすぐな線でした。そして先生は、同じようにどうぞと、子どもたちの名を順々に呼んでいきました。

何も無かった黒板に、1本ずつ、色とりどりの線が引かれていきます。粉の散るほど力強い線、自信なさげな薄い線、隣にはみ出す斜めの線、ひょろりと延びる長い線、太くてどっしりした線。みんなまっすぐに引いただけなのに、どれもが個性豊か。まるで、今はまだヴェールに包まれたそれぞれのありようが、黒い宇宙の中に浮かび上がるようでした…。

これは、私の息子から聞いた、シュタイナー学校の入学式の日の出来事です。興奮気味に報告してくれる彼の声は、登校初日にしてたちまち先生の魔法の虜になったとでもいうように、高く楽しく弾んでいました。

「黒板絵」は、シュタイナー学校の日々の授業で用いられている教育メソッドのひとつです。黒板に…描いた絵が? そう、その通り。でもこれを、教科内容を補足するための単なる挿絵と侮ることなかれ。思想家ルドルフ・シュタイナー（Steiner, Rudolf 1861-1925）が提唱したその方法は、私たちが通常想像するような、白いチョークの線で輪郭を描くスケッチの仕方とは、だいぶ趣が違います。多様な色のチョークで、面や線を如意自在に操って彩り豊かな「絵（Bild)」を構成し、それを通して、子どもたちの中にある創造力（形成力 Bildekräfte）に深く働きかけるという教育的意図を持っているのです。即興で描かれるものも、扉式の黒板の中に予め準備されるものも、消してしまうのが惜しいほどに、それぞれが明確な目的をもって仕上げられるひとつの芸術作品であり、シュタイナー教育においては、教師が用いる「言葉」と同じだけ重要視されます。

ドイツ語で“ Bild ”は、「絵」「イメージ」「像」を示します。

まだ低学年の子どもにとって、世界の事物は、野の草花も、葉を揺らすそよ風も、道で拾ったどんぐりも、箪笥にしまった靴下も、部屋の白い壁も、全てが生きていて、自分と同じように感じる心と体をもった存在です。ぶつかれば顔をしかめるし、笑えばコロコロ転がるし、あったかいと気持ちがいいし、雨の日はなんだか悲しいし…。

だから、文字や数字のような記号も、細い線で書いた「字」ではなくて、「体（Leib)」を持った具象的な姿で出会えたら、子どもは自分に身近な存在として、すぐに仲良くなることができます。絵の形式で伝えられることで、文字も数字もいのちを吹き込まれ、体温をもった個体として現れ出ます。黒板の上にカラフルな色彩を帯びて描き出される「黒板絵」は、通常の「絵」や「絵画」という言葉に想起される静的なものではなく、今にも動き出しそうな、いや、とっくの昔から生き生きと動いている血の通ったものとして、それを見る子どもの心に確かな像を結ぶのです。

そのようにして学び、自分の中でたくさんの像を動かす経験をした子どもたちは、鮮やかな感情を通して世界と関わり、世界の美しさを知ります。それはまた、後に抽象的な概念で思考する原動力にもつながっていくとされます。「黒板絵」のメソッドでは、いのちを持った“ Bild ”の媒介を通じて、子どもたちの人間形成・陶冶（Bildung）の過程を長い目で眼差しているのです。

本書は、シュタイナー学校の教員養成課程の芸術部門に長年関わってこられたマルグリット・ユーネマン（Jünemann, Margrit）さんが、「黒板絵」に焦点を当てて丁寧に解説した類まれなテキスト、*Tafelzeichnen: Pädagogisch-künstlerische Gesichtspunkte*（Verlag Freies Geistesleben, 1995）を邦訳したものです。シュタイナー教育に関心のある方だけでなく、幼い頃に黒板で学んだことのある全ての方に、この本は向けられています。ページを繰るうちに、読者ご自身の心と体の中で、カラフルな像たちが躍動を始めるきっかけになれたら、訳者としてそれに勝る喜びはありません。

2022年3月
全てが再び目覚め出す春の日に
小木曽 由佳

目次

■凡例

一、本訳書では、著者による原注のうち引用注は、本文中にアラビア数字を振ったうえで巻末に、内容に関する注はアスタリスクをつけて近接する箇所に、訳者による訳注は、本文中にローマ数字を振ったうえでページ内か隣接するページに記載しました。

一、掲載する図像には通し番号を振り、本文で言及がある場合には、括弧内に該当の番号を示してあります。原著では、本文と参照図像が必ずしも一致していない場合がありますが（色や形など）、本訳書ではわかりやすさを優先し、それぞれがなるべく対応するよう、大意を損ねない範囲で適宜手を加えた箇所がある旨、ご理解いただければ幸いです。

訳注ｉ　シュタイナー教育ではエポック授業がカリキュラムの柱となります。エポック授業とは午前中の約100分間、主要科目（国、数、理、社）のうち同じ1つの科目を集中的に3〜4週間学び続ける、シュタイナー学校独自の授業形式です。ただし、体育、音楽、外国語などはエポック授業の対象になりません。それらの科目は専科と呼ばれ、エポック授業の後の時間帯に、毎日少しずつ学習が進められます。

はじめに

シュトゥットガルト・ヴァルドルフ教育セミナーの芸術演習部門の一角に、「黒板絵」の時間があります。彫刻、絵画、デッサンの講座の後に位置していて、シュタイナー学校の担任教師養成課程で必ず体験することになっているのです。1回2時間の授業、最大８から10コマのエポック授業[i]で、教師の卵たちはたくさんの課題の手ほどきを受けます。養成課程には実習もあり、研修生にとっては、現場で課題に取り組むとても良い機会になっています。

本書でご紹介するメソッドは、長年の経験の中で、多様な背景を持つ参加者たちとともに築き上げてきたものです。これらを演習に用いることによって、黒板絵にまつわる不確定要素や障害を克服するための指針や手助けが得られるようになりました。最初に研修生が体験したのは、黒い紙に色のチョークで絵を描くことでした。次にその絵を、交代で教室の黒板に書き写していきます。そこで行われる話し合いと修正を通して、研修生の知覚能力は研ぎ澄まされ、チョークの扱いがうまくなっていったのです。

長年の間に、さまざまなコースの参加者たちが残していった記録が集まりました。これまで幾度となく、文章の形での出版を望む声をいただいていましたが、本書はそれにお応えして、できるかぎり言葉によって表現しながら、具体例として役立つ作品を、選りすぐってご紹介したいと思います。

訳注 ii　シュタイナーは人間の発達を7年周期で捉えています。そして、第1・7年期から第3・7年期までの3つの時期に、意志〈意〉→感情〈情〉→思考〈知〉の順で子どもたちを育んでゆくことが重要なのだといいます。シュタイナー教育において、第2・7年期までは、抽象的な事柄を抽象的なまま子どもに伝えることは避けられ、感情を通して知的な事柄を学ぶことが大切にされています。子どもたちの思考に直接働きかけるのは、第3・7年期以降（14歳以降）が望ましいと考えられているのです。

訳注 iii　シュタイナーは人間の本性を、物質体、形成力体（エーテル体）、アストラル体、自我の4つの構成要素から成り立つものと捉えていました。子どもの歯が生え変わる頃から、教育を通じて形成力体（エーテル体）への働きかけが可能になるとされ、エーテル体の教育においては、子どもたちの想像力に働きかけることが極めて有効だと考えられています。

1. 学童期の子どもが求めるもの

ルドルフ・シュタイナーの人間観をもとに、第2・7年期[ii]の授業の方法は構築されています。もちろん、本書のテーマである黒板絵も同様です。この領域にとって必要なかぎりで、導入として、まずはシュタイナーの理論を取り上げておくほうがよいでしょう。

よく知られているように、学童期以前の子どもは、動くもの全てに大きな関心を寄せます。立ったり、前に進んだり、腕を動かしたりすることを通じて、空間に注意が向かいはじめるにつれ、子どもは大人の仕草や身のこなし方の中に自分を位置付けていくようになります。例えば、母親が花に水をやろうと腕の上げ下ろしをするとき、隣にいる子どもも何らかのものに手を伸ばし、母親を真似て、水やりの上下の動きをするのがすぐにわかるでしょう。そうした仕草や身のこなしが少しずつ習慣となり、上手にできるようになっていくのです。この時期、子どもの形成力体[iii]はまだ生まれていません。つまり、肉体と一体になったまま、体の中のさまざまな器官を貫いて作用し、それらを形作っているのです[1]。この作用は、永久歯が生えることをもって終了します[2]。歯が生え変わって、造形力あるいは形成力の一部が子どもの肉体から解き放たれはじめると、自分の中にイメージを造り出せるようになります。つまり、ここで初めて、人は精神的なものに足を踏み入れることができるのです。この時、イメージに作用していくような授業を受けることで、子どもは「具体化－具象化する力」に出会います。第2・7年期の子どもの興味は、今や仕草ではなく、学校の教師が仕事の中で使いこなしているあの道具――そう、言葉に向けられます。言葉は具象的イメージの性格を持っており、それゆえシュタイナーは、まさしくこれを「最も優れた具象性」と呼びました[3]。

一体どういうことでしょうか。わかりやすい例を挙げてみましょう。標準的な認知機能を獲得している人は、木や森や空といった言葉を聞けば、目を閉じていても、自分の内側に具象的なアイディアが浮かんでくるでしょう。それは、直接的な現実ではなく、以前見たものの再生です。言葉の持つこうしたイメージの要素を通して、授業の内容も、より抽象的な領域にふさわしい形に変わり、具象性を得ていきます。例えば、この年齢の読み書きのエポックでは、文字の具象的イメージを導入することによって、感情が引き起こされ、意思が突き動かされ、知性が呼び覚まされるのです。

2．　黒板絵に大切なこと

黒板は、学校の教師にとって決して欠かすことのできない大切な道具です。教師は、主に言葉を用いて生徒に語りかけますが、黒板に絵や文字、線が何も描かれないような日はほとんどありません。例えば、子どもたちに口頭で状況を説明するだけでは、構造や形態などの正確な部分までは十分に伝わりづらいものですが、チョークで黒板にいくらか描くだけで、だいぶわかりやすくすることができるのです。大抵は自然の成り行きで描いていくことになりますし、生徒の側からの質問がきっかけとなることもあるでしょう。

ただし、授業によっては、入念に計画した黒板絵が必要になる場合もあります。5年生の博物学を例に取ってみましょう。特定の植物、例えばタンポポについてじっくり話し合うとします。教師が教室に現物を持ってきていたとしても、加えてふさわしい黒板絵があったら、鮮やかな黄色の花やギザギザの葉を持つタンポポ特有のありさまを、子どもたちはまざまざと見てとることができます。この時、光、風、水、地という要素を含み入れて絵を構成すれば、その季節の自然の中でこの植物がどのような状態にあるのか、その形を仕上げるのにどのような諸力が働いたのかを伝えることができます。黒板上の表現がいわば窓となって、それを通して子どもの魂が活性化し、外の草むらに生えたタンポポをより正確に眺めることができるようになるのです。

ここで次のような疑問が生じます。そうした黒板絵は、いつどのように準備すればよいのでしょうか。長年の経験でわかってきたのは、絵が授業中に生徒の目の前で描かれる場合には、朝の教室で黒板に描いてあるのをすでに目にしている時とは全く違った作用が生まれるということです。生徒たちがエポックノートに書いた文章に植物の絵を添えるような時には、教師も黒板で一緒に同じ課題に取り組むほうがやりやすいでしょう。なぜかといえば、描き写すなかで、生徒たちは形の特徴的な要素をよりうまく真似て把握することができるし、またそれは、人のやり方を学びたいという、この年齢で強くなる欲求にもふさわしいからです。それでも、気質や体験のあり方、彩色によって、ノートはそれぞれ異なるものに仕上がっていきます。

また別の例を挙げましょう。1年生のクラスで、あるメルヘンを語った後に描いた黒板絵のことを、スイスの女性教師が報告しています[4]。彼女は、クラスの子どもたちのさまざまな気質についてつねづね考えていました。ある少年は、胆汁質の特徴を持っており、すぐに怒り出すけれど、何かで失敗するといつも新しい試みをして改善しようとする子で、その少年についても色々思いをめぐらせていたものでした。ある日のこと、彼女はクラスでグリム童話の「聖母マリアの子[5]」を語って聞かせることにしました。ご存じのように、物語はひとりの木こりから始まります。木こりは、大きな森の入り口に、妻と3歳の娘とともに暮らし、貧しい生活にあえいでいました。ある日、男が嘆きにくれながら森に向かい、木を切り倒そうとすると、突然、光り輝く星の冠をかぶった背の高い美しい女性が前に立ちました。「私は聖母マリア、幼子キリストの母です。おまえの子を連れていらっしゃい。私が引き取って母親になり、面倒を見てあげましょう」。木こりはその言葉に従って、子どもを呼びに行き、聖母マリアの手に渡します。マリアはその子を連れて天へと昇っていきました…。メルヘンを話し終えてから、教師はこの最初のイメージに立ち返って、チョークを手に取りました。後に彼女は、その黒板絵を描く際に起きた状況を、次のように記述しています。「この絵が胆汁質の少年にもたらした作用は、思いもよらないほど強いものでした。それは子どもたちの前の黒板に描いた、聖母マリアの絵姿でした…あたり一面に安らぎと確かさを散りばめ、青色のケープで身を包み、黄金色の髪を背中に波打たせ、輝くばかりの星の冠をいただかせて…描き終えると、マリアは本当に崇高な佇まいをしていました。描いている間、厳粛とさえいえる静けさが、クラスじゅうを覆っていました。その少年は両腕に顎を乗せて座り、じっと絵を見つめていました。それから、とても静かに休み時間に入りました。次の朝も、教室に足を踏み入れるや、すぐに絵のところに行き、またも熱心に見つめていました。来る日も来る日もその様子が続き、休暇に入る前には、この絵をずっとずっと消さないでと私に頼んだのでした」。

このケースのようにお話の題材に関連した黒板絵を描こうとする場合には、どのモチーフを選ぶか、どのように色をつけて形作っていくかについて、教師は自らの教育観に照らしてあらかじめよく考えておくとよいでしょう。くれぐれも、細部まで説明的に示す部分を多くしすぎて、本質的なものを覆い隠してしまわないように気をつけることです。

中には、教師歴が浅く、クラスの子どもたちの前で絵を描くことに、まだ十分な自信を持てない人もいるかもしれません。これは、紙の上で彩色やスケッチの練習を重ねてきた人にもいえることです。なんと言っても、黒板の上では大きさの比率が異なります。まずは正しい間隔を取ることを学ばなければなりませんし、黒板の絵や文字が一番後ろの席の生徒にも見えるかどうかといったことについても確認しておく必要があります。しかし、教室が空になる午後など、時間を見つけて繰り返し練習するうちに、成果が現れてくるのを意識できるようになり、最初感じていた困難をじきに克服できることでしょう。

８年生まで教える[iv]中には、ベテランの担任教師であっても、授業前に黒板絵を描いておくほうがよいこともあります。全ての教科は、エポックの中で扱うにせよ、特別授業の日に取り上げるにせよ、決まった期間内に終える必要があります。それゆえ、何かを身につけさせたり説明したりするのに加えて、黒板絵を描くための時間をメインレッスンの中で必ずしも十分に確保できるわけではないのです。シュタイナー教育では（高学年の芸術の授業や、時々の特別な状況を除いて）メディアや写真は用いないため、黒板に絵を描くことによって、簡単なスケッチでは扱いきれないような視覚的側面を時には加えていく必要があります。その場合は、扉付きの黒板に前もって絵を準備しておき、適切なタイミングで開いて見せるようにすれば、効果が損なわれることはないでしょう。具体的には、例えば歴史の授業でアテネの街とギリシャの神殿の話をしたり、地理学の授業で特定の地域について事前に説明したりする場合、黒板絵を見せることで、口頭の描写をうまく補うことができるでしょう。それは、生徒の授業への興味を引き出すだけでなく、記憶を促すことにもつながっていくのです。

訳注iv　シュタイナー教育では、小学校から高校までの12年間のうち、1年生から8年生までの間、同じ１人の担任のもとで子どもたちが学びを深めてゆきます。現代では時々の状況に応じて担任が替わることもありますが、ドイツでシュタイナー学校が始まった頃から、8年間一貫担任制はシュタイナー教育の基本理念として根底に位置付いています。

3．チョークの扱い方

ゲーテは、色彩論の第１章で、黒色と白色が眼に与える作用について考察し、次のような結論に至りました。

暗闇の代理である黒色は器官を休息状態にし、
光の代理である白色は器官を活動状態にする…[6]

この観点を学校の場に向ければ、あのおなじみの黒い板、白色のチョークで綴る黒板[*]の存在に行き当たるでしょう。たとえ黒板がまっさらの状態でも、それで生徒の眼に不安が生まれることはありません。そこへ明るい色の文字で言葉や文が現れると、形の要素がひときわ明確に際立って、ゲーテが述べたように、眼が「活動状態に」なるのです。

授業で色のチョークを用いる場合には、そうした両極性が、より柔らかな形で眼に作用します。黒板絵に触れて異なる色の印象が生まれると、より多くのものが生徒たちの精神や知覚に語りかけます。黄色を見ると、青色とは違った気分に変わる、といった具合です。

色の教具を適切に扱えるようになるために、教師はまず、それぞれの色のチョークがどのような作用を及ぼすかを試してみるとよいでしょう（絵1～4）。たとえば、黄色い色を白い紙に塗った場合と、黒い紙に塗った場合の違いを見てみましょう。素地が白い場合、黄色のチョークは明るさを保つので、白は黄色の持つ光の性質を促進することになります。対して素地が黒の場合には、黄色はやや緑がかったようになり、輝きの力を失ってしまいます。つまり、黒板上で黄色のチョークを扱う際には、暗い土台がそのまま出ないように、チョークを横向きに強く押し当てなければなりません。光の印象を強めるために、描く面に白色のチョークで下塗りをしておくというのもひとつでしょう。

青色の場合には、また状況が異なります。青は、明るい色の素地の上ではかえって暗く作用し、他方、黒板の黒色の上では明るさを強めるのです。他の色についても、まず白色、それから黒色の素地の順で試してみると、黒板での色の作用がより一目瞭然になるでしょう。

他に、市販の製品のカラーバリエーションの中から、レイヤーの技術を用いて、中間色や美しいぼかしを作り出すという方法もあります（絵5～7）。

丸型のチョークも角型のチョークも、先に向かって細くなるようにしておけば、線状のものはもちろん、文字や数字のようなものも、うまく形作ることができます。黒板絵を描く際には、より広い画面や絵画的な性質が必要になるので、先ほど述べたようにチョークを横向きに置いて、大きな面を用いるようにするとよいでしょう。そうしてさまざまな方向へとチョークを動かし（絵８）、例えば、色の流れを上から下まで均一に並べることによって、絵の雰囲気の基調となるものを作り出すことができます。塗る向きは自由に変えられますから、動きのある人物を描くような場合には、水平方向にしたり、斜めにしたりしてみてもよいでしょう。他にも、ハッチングの技法を用いて、チョークを緩やかに往復して美しい面を作っていくという方法もあります。最初は柔らかく、だんだん強くしていき、いわば色の空間から人物や事物を掘り出していくのです。チョークによる黒板絵で美しい印象を与えるために重要なのは、色の面を「ふさぐ」のを慎むことです。色の面は呼吸し、輝き出していなければならないため、その際に必ずしも、黒色を完全に覆いつくそうとする必要はありません（絵9）。これまで述べてきたような仕方で黒板のチョークを用いれば、白い紙に木炭の面でスケッチする際に、明るい素地が暗闇から揺れながら鈍く輝き出すことで素材の魅力が作動していくのと同じように、描く人をあの特有の魔法で出迎えてくれることでしょう。

＊ここ数十年の間に、公立高校の多くで、黒色の黒板が深緑色や灰緑色のものに取り替えられています。シュタイナー学校でも、とりわけ高学年で、それらを用いているところも多くあります。ここにも、学校の教具は健康に配慮したものであるべき、という観点が働いているといえます。黒色と白色との強いコントラストを、暗い緑色と白色との対比に替えて和らげることによって、黒板に書かれたものを見つめ続けなければならない生徒たちの眼を、あまり疲れさせないようにしているのです。しかし低学年について述べるなら、シュタイナー学校の場合、低学年では色のチョークを多用しますが、いつも全面を塗りつぶすとは限らない以上、緑色の地はあまり適切であるとはいえません。複数の色のチョークを一緒に用いる際に、黒色の黒板ほど色が鮮やかに出ないからです。そのため、しばらくして緑色の黒板を黒いものに戻した学校もありました。さらに、低学年の教室に白塗りした木板を設置することを試みる学校も多く見られました。すると、教師が白板を前に色彩環に取り組むのと同じような状況で、文字のイメージを学ぶ子どもたちも自分たちの白いノートに向かうことになります。そうした白板は、教師が格別の手入れをしなければなりません。板の掃除が行き届いていないと、板上に薄い色の跡ができてしまうのです。さらにその上に重ねて描いていくことになるため、暗い色のチョークを使った場合には、子どもたちが言葉をはっきりと読めるかどうか注意しなければなりません。この数十年間で、他にもさまざまな解決策が登場しています。例えば、長方形の黒い板の前に、左側にガラス板、右側に黒い板を扉式に設置したようなものもあります。ガラス板は前にぱたんと開き、教師が前もって準備しておいた白い紙、例えばノートのページなどを差し込めるようになっています。こうすれば高学年でもうまく使うことができます。

[絵1]

[絵2]

［絵3］

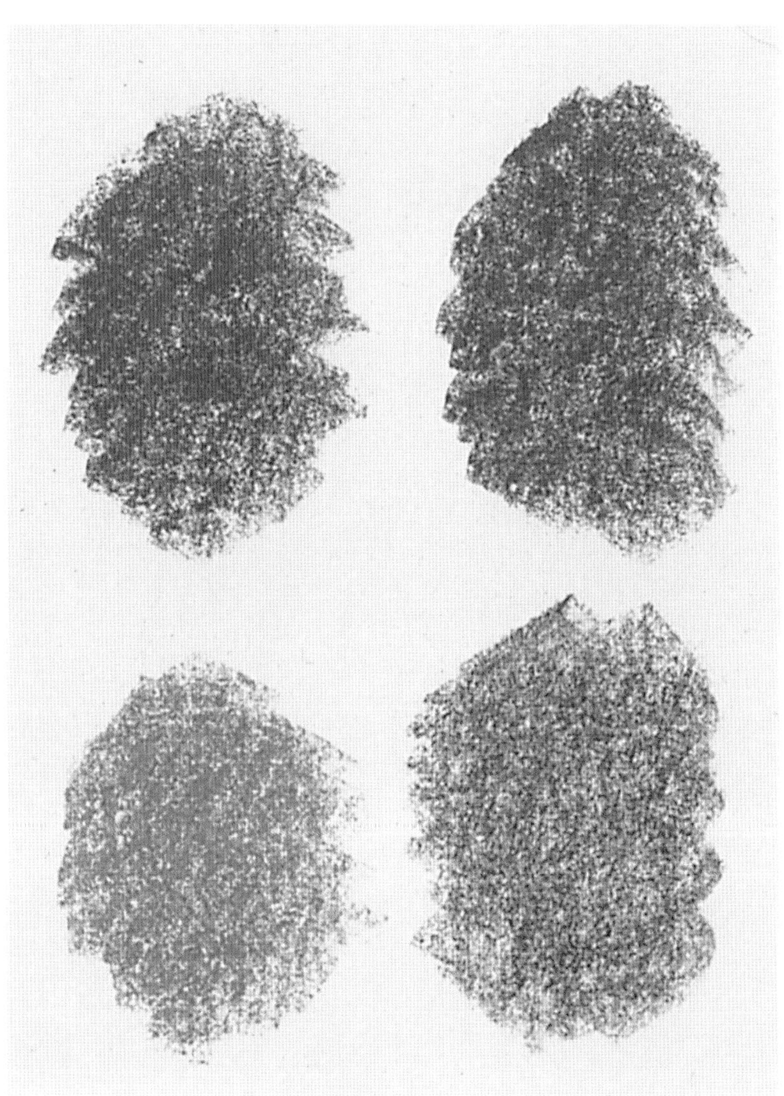

[絵4]

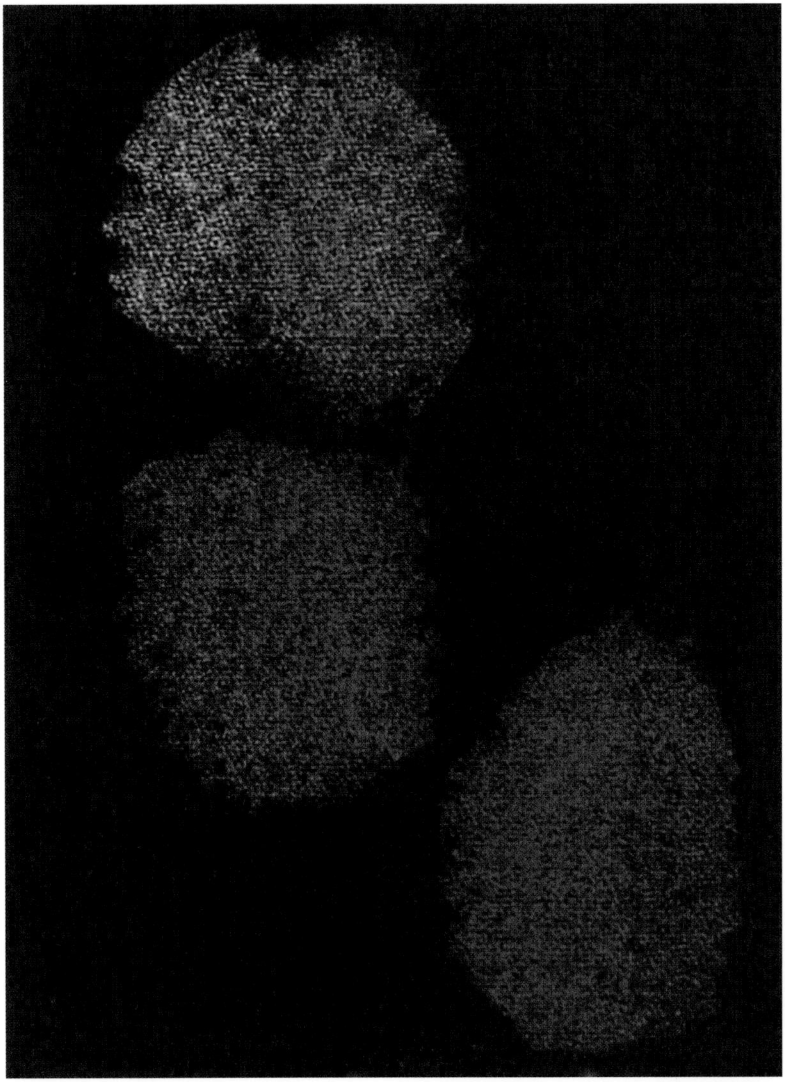

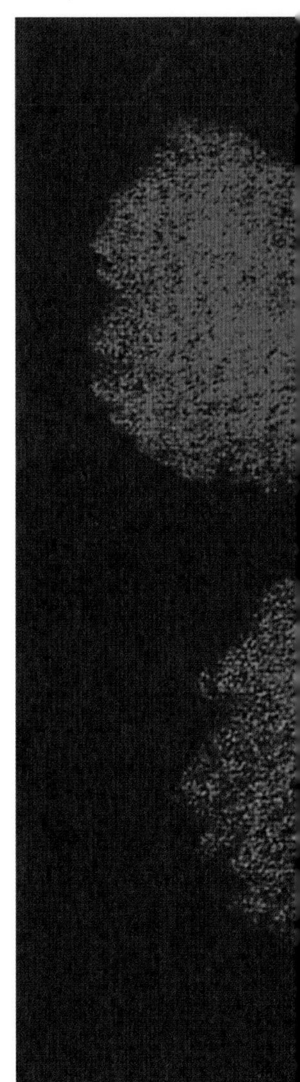

[絵5]

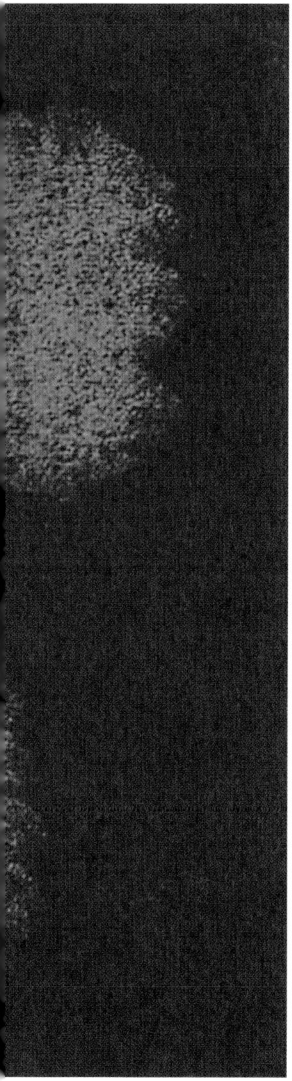

[絵6]

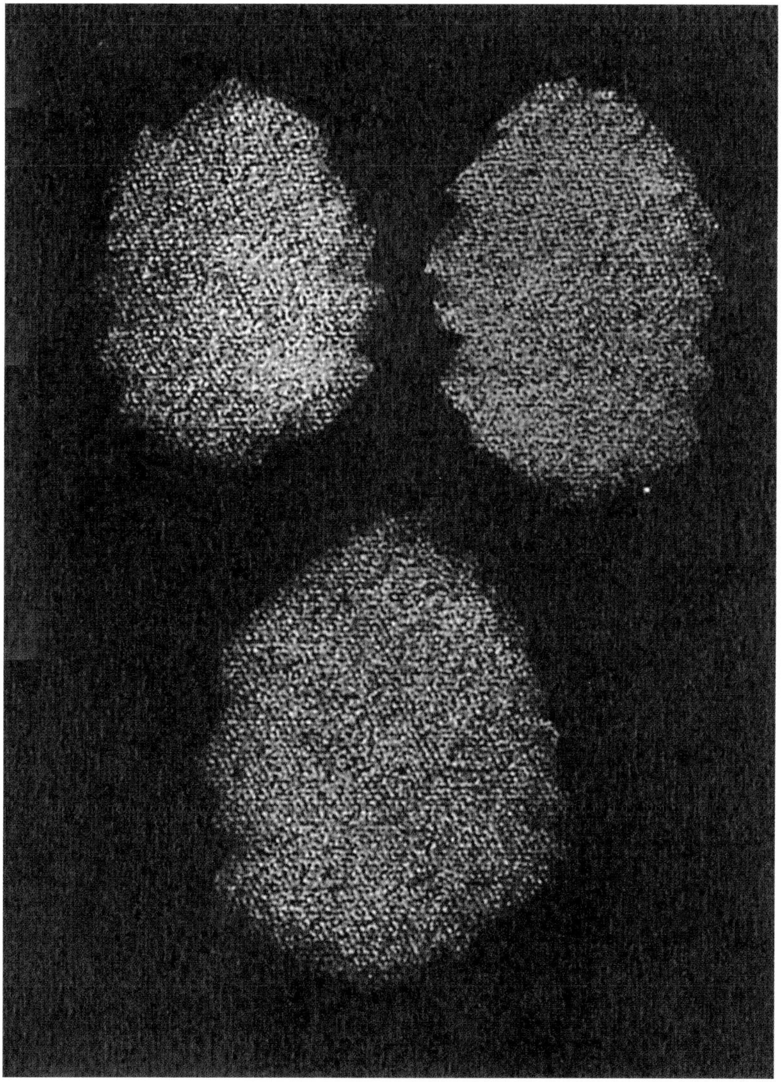

[絵7]

[絵8]

[絵9]

4．　配置やバランスによる色彩の効果

黒板絵に取り組む際には、色の上に色を塗り重ねるとどのような作用があるか、そこで生じるバランスの違いがどのように働くかという点に気をつけてみるとよいでしょう。次に紹介する例は、このことをわかりやすく示してくれるはずです。

まずは、黄色と青色の２色の組み合わせから始めましょう。ゲーテはこの２色を原現象と呼び、ここから彼の色彩環を構築しました[7]。黒板の上部に黄色、下部に青色のチョークを用いて、2つの同じ大きさの面を描いてみましょう。これをよく見ていると、そのうちに非常にはっきりとした感覚が生まれてきます。この感覚は、人間として、ある関係性を多かれ少なかれ意識しながら世界に向かい合っていることによるものといえるでしょう。つまり、人は上方に明るい側を、われわれが立ち、進み、行動する領域に暗い側を体験しているのです。陽の当たる空の領域は、見通すことのできない地の領域とは別の物質でできているといえます。

ここで、第二の練習として、色の組み合わせを逆にしてみましょう。今度は暗い色を上に、明るい色を下にしてみるのです。すると、また違った印象が現れます。最初は馴染みのない感じがあるでしょう。明るい色、黄色はより軽い印象を与え、上の色がその暗さを下まで押し下げているように見えてきます。こうした基本の体験を利用して、この組み合わせから生まれる様々なイメージを風景画のように構成していくことができます。青の上にある黄色——といえば、「海の上に広がる朝の空」というインスピレーションが生まれます。もちろん、別の色調も加える必要はありますが、黄色という光の力がイメージを導いてくれるのです。２番目の例——黄色の上にある青色——では、下方の明るさから、夏の風景画のモチーフ、「夏の夜空の下で実る穀物畑」（絵11）が思い浮かびます。この場合には、さらにオレンジや赤といった温かい色合いの助けを借りれば、もとの色調に変化を加えていくことができるでしょう。

この2つの練習に加え、先ほどは同じ面積で色分けしていたところを、今度は次のように比率を変

えてみましょう。明るい側が上にある１番目の場合、光の空間を広げ、海を構成する部分を小さくすると、海が下の方へと押し戻されていくようになります。２番目の例では、例えば、波打つ穀物の黄金色の上に、空の青色を狭く配置してみることもできます。育つための大地を多く使える分、穀物はより高くそびえ立つにちがいありません。

ベースの色を増やした場合も、今挙げた例のように大きさの割合を変えていくと、それに伴って様々なイメージに誘われます。例えば、小さな朱赤を大きな緑色の面に置き[8]、別の場所にもうひとつ、細長い青色を配置します。次は、緑色を小さくし、朱赤は燃えるような動きへ膨らませ、青色は全体を包み込むような仕草にまとめてみるとどうでしょうか。

こうした構成の練習には、低学年の担任教師が黒板絵を描いたり、子どもたちと水彩画の練習をしたりする際のインスピレーションを与えてくれるヒントが豊富に含まれています。物語の題材に関連して、黒板にチョークで何らか寓意的に描かれるべきものについては、説明的すぎるものよりも、色そのものからの方が多くを表現できるでしょう。先の例で言えば、小さな赤い部分は陽気に飛び跳ねる人物になるし、縦長の青色は背を向けて去っていく人の姿になる、などといった具合です（絵10）。

［絵10］

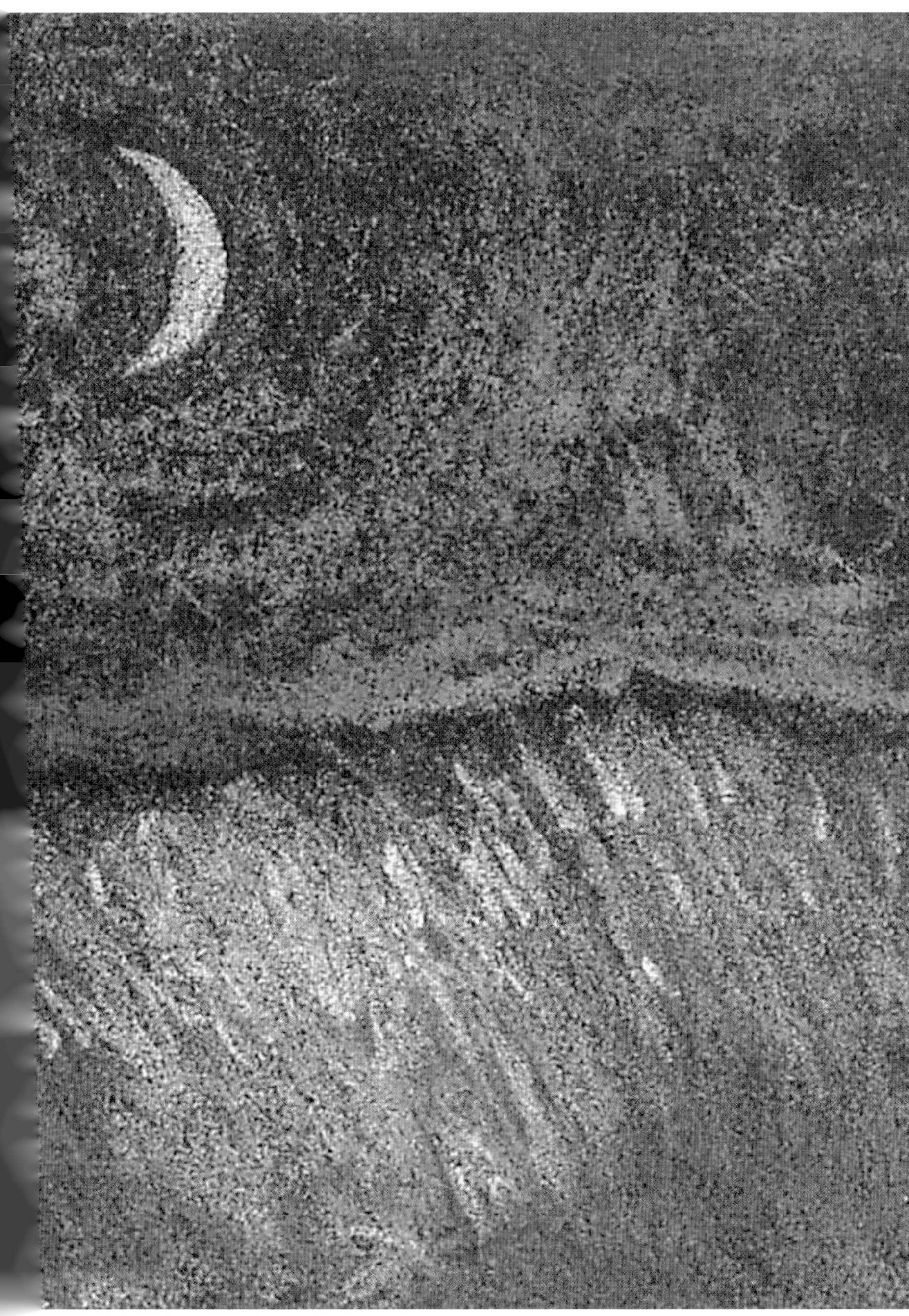

[絵11]

5．数や文字の綴り方

ルドルフ・シュタイナーの教育論では、歯の生え変わりから性的成熟までの間は、全ての教科内容に生き生きとした具象性を持たせなければならないと言われます。だからこそ、この年齢段階の子どもを教える教師は、さまざまな課題に直面することになります。

例えば、歴史や博物学、語学の授業では、具体的な要素が科目自体にすでに織り込まれているため、教師にとってはより容易に扱えるでしょう。でも、算数の場合はどうでしょうか。これについてシュタイナーは、些細なところにこそ特に注意を払うように忠告し、次のように明確に述べています。「数学*を例に取るなら、まず長い文字列を配置してから短い文字列を続けるか、あるいはそれらを先頭に置くか真ん中に置くかで、本当にちょっとした違いが出てくるものです。四則演算とは何かさえ、絵にして生徒たちの前に見せることができます。このように、黒板に綴るものも何らかの具象イメージになるのだというところに、確かな価値を置くのです…数式や数列を像で囲み、直接美しさを感じられるようにする場合もあります…小賢しい論理的な方法は、この年齢期の子どもたちのために、――誤解を恐れずに言えば――少しずつでもわれわれの魂から締め出してゆくべきでしょう[9]」。

＊シュタイナー学校では、6年生で代数学を教わります。

この引用から、観念的な事柄であっても、美的要素と結びつき、具象イメージになっていくのだということがわかるでしょう。しかし、さらに重要なことは、そうした舵取りをするのが、他ならぬその教師であるということです。というのも、生徒はそこで、自分が美しいものを感じる力を持っていること、すなわち、自分の魂のあり方から何かが打ち明けられることを体験できるからです。

まさにこの観点を、シュタイナーは別の箇所でもとりわけ強調しています。歯の生え変わりの時期は、教師の話すことだけではなく、教師の行うことの全てが、その子の存在の表れでもあるといえます。それゆえ、教師が黒板に“ Blatt（葉）”という単語を、絵12のように書くか、絵13のように書くかで違いがあるし、また、数字の７を絵14のような形にするか、絵15のような形にするかでも差が出てくるでしょう。黒板に書かれる文字が芸術的なのか、俗物的なのか、はたまただらしがないのか。この年齢においては全てが意味深く語りかけてくるのです[10]。このように見ていくとき、黒板を消すことについても、最後に触れておかなければなりません[11]。

教師なら誰でも、授業中に黒板消しのスポンジを手に取り、また新しいものを書こうとすると思いますが、それをどのように行うかを何よりも気にするという人はいないでしょう。しかし、低学年の子どもを思い浮かべてみれば、彼らにとっては、授業中目の前で起こることの全てが意味深く、興味を引くものであり、それは目の前で立ち振る舞い、授業をしてくれている人物と大いに関連しています。ここで、先ほどの黒板の綴り方に関するシュタイナーの助言の意味がわかるでしょう。彼が語ったのは、この年齢段階はまさしく目と耳そのものであるような時期であり、大人の動きや振る舞い全てに気づくので、そこで行われている動きがどのようなものか、黒板の上のスポンジがどのように行ったり来たりしているかということは、決して取るに足らないものではない、ということでした。

［絵12］

［絵13］

普通なら自覚しないところではありますが、シュタイナーは、それが「ある種の気品」をもって行われているかどうかに注意を払うべきだと言います。そうした特定の発言が教条的に理解されるのはシュタイナーの望むところではありませんでしたが（それは他の方法論的な発言も同じです）、彼が述べたかったのは、教師たるものはつねに、授業における芸術的でないものを全て芸術的なものに変化させようという雰囲気に、頭から足の先まで浸っていることが求められている、ということなのです。

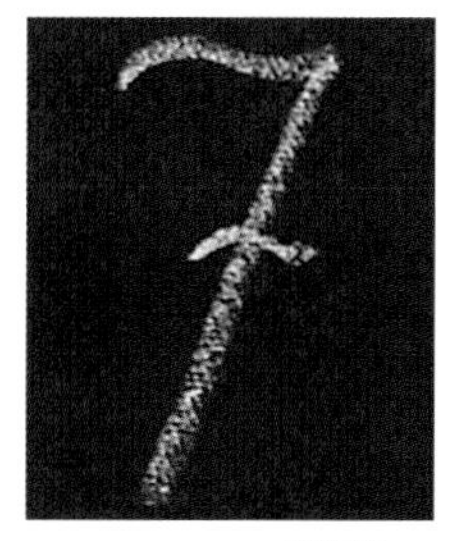
［絵14］

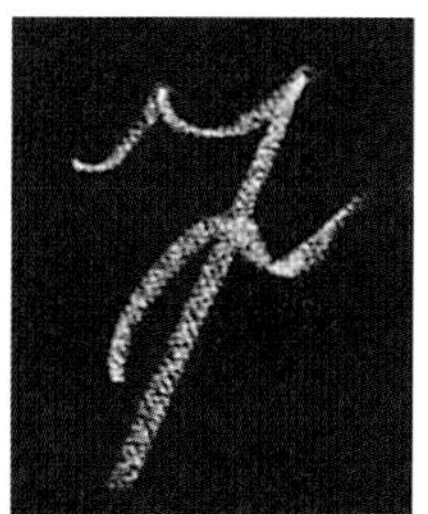
［絵15］

6．文字 ― 母音と子音

シュタイナー教育では、4～6週間にわたるフォルメン線描[iv]のエポックで、文字の学びに入る準備をします。子どもたちはこの間に、直線と曲線に慣れ親しんでいきます。線はそこから、三角形や正方形、円、楕円といった基本形へと発展していきます。教師がこの練習を一歩ずつ導いていくことで、角や丸という形の要素が、1年生の子どもたちの感性に豊かに体験されます。そうして段々と、形の感覚や手先の器用さが育っていくのです。

この基礎の体験が、後の文字のエポックへと引き継がれていきます。新しい課題の中で、今度は、線描の要素に「響き」という要素が加わります。すなわち、目に見えるものと、耳で聞こえるものとを調和させる必要があるのです。同時に、母音または子音の、ひとつひとつの字形の特殊性をつかむことも重要です。これにはさまざまな方法があります。まずは、フォルメン線描からいくつかの線のイメージを取り上げるのもひとつでしょう。とりわけ、ひと続きのギザギザ線や波の動きから、何らかの文字の特徴が得られるような場合です。例えば、ギザギザ線の「ピカッと光る稲妻」からは“Ｚ”の文字、「波打つ水面」からは“Ｗ”の文字が出てくるでしょう。これとは別に、シュタイナーが教師たちに提案しているのは、古代エジプトの文字の成り立ちを学び、その原理を真似るという方法です。当時は、動物や植物といった外界の事物を模すことで、簡易な象形文字が作られていました。その頃のエジプトの壁には、たくさんの鳥や陸生動物、人間、植物の姿が際立った「タペストリー」が描かれています。古代エジプト人はそうした存在に、現代の私たちとは違う眼差しを向けていました。周囲の自然の形態の中に、神的なものを見ていたのです。絵に描けば、知覚した現象を、三次元の要素なしに簡単に伝えることができます。その後、エジプトからフェニキアの文化に移行する中で、絵から線描へ、文字へと、一歩ずつ進んでいきました。

訳注iv　フォルメン線描は、名詞フォルム（Form）の複数形と、動詞 zeichnen（線で描く／素描する）が組み合わさったもので、略して「フォルメン」と呼ばれます。シュタイナー学校において、フォルメンは通常1年生から4年生まで行われます。子どもたちはフォルメンの授業の中で、直線、曲線、図形や模様など様々な形を描いていきます。

[絵16]

7～8歳に差し掛かる発達段階にある子どもは、その過程で自由になった形成力を、内面へと向かわせるようになります。つまり、形というものに敏感になるのです。教師が、まず具象的なイメージを通して文字の形態に親しませ、それを文字へと変容させていくような方法をとると、それに生徒はすぐさま反応します。ここでは、教師自らが創造的に振る舞うように、いわば自分自身のファンタジーの力を働かせるようにしなければなりません。そうして動物や植物といった形態を文字へと移し変えていくのです[12]。これについてシュタイナーは、さまざまな教育講座で、ある例を繰り返し取り上げています。同じものについてたびたび語るのですが、導入に違いがあるのです。それは、“ F ”の子音が生まれる、「魚」の例です。比較がとてもためになるので、そこから3つの例を取り上げてみましょう。ひとつ目はこんな具合です。子どもたちと対話するところから始め、市場やどこかで魚を目にした時のことを思い出してもらいます。そうしたら、魚を色で「塗りながら描き、描きながら塗る」ように促してから“ Fisch ”という単語を、“ F-I-SCH ”とゆっくり発音させます。そして、最初の文字である“ F ”をもう一度読み上げ、それから、黒板の上で、魚の形を少しずつ、魚に似た記号へと変化させていくのです。ほら、これが“ F ”です、と[13]。

シュタイナーの次の例では、フォルメン線描で子どもたちがさまざまな線の要素に親しんでいることを踏まえて、上とは異なる方法でアプローチしています。まず“ Fisch ”という単語を発音させ、ローマ字のブロック体で黒板に綴ります。1年生にはまだ教えていないものですが、ともかく真似て書いてみるように、子どもたちに伝えます。彼らはそこに“ F-I-SCH ”の文字が隠れていることを知りません。それから、最初の文字である“ F ”を掘り出すのです。ここでは、全体から始まって個に至るという分析法の原理が用いられていますが、これはまさに人間の内的本質に対応したものであると、シュタイナーは述べています。この原理は、人間の魂が世界の現象に対して目覚めることにつながります。シュタイナーがこれと対置するのは、個々の部分から全体を構成する、いわゆる統合原理です。そちらはむしろ人間を眠らせるように作用するのです[14]。

第３の例では、さらに別のアプローチで“ F ”の字を習得させていきます。ここでシュタイナーが起点とするのは、2種類の知覚です[15]。彼は、こんな場面を語っています。教室の中でキラキラ輝く物体が、クラスの子どもたちの心を掴みます。彼らはその輝きの体験を、色のクレヨンで紙に描くよう言われます。次の課題は、1本の棒を上から下まで手で触れてみて、それと同じ動きの線を、紙の

[絵17]

上に写すことです。そして、この輝くものと長いものという2つの体験をひとつにしていきます。子どもたちの前に1匹の魚の絵が示されて、はじめに魚の胴体、続いて後ろ側のヒレ、前側のヒレ を目で追うように言われます。それから、まずは縦の長い線、そしてそれを横切る同じ長さの2本の線が描かれるのです。

こうして子どもたちは、今自分が描いたものが魚から来ているということを学び、実際に魚に触れた時のことを思い出す（先行する感覚体験に関連づける）わけです。最後の段階は、“ F ”の文字で始まる“ Fisch ”という単語を内面で体験するところに移っているといえます。それが子どもの内なる体験から引き出され、描かれるのです。

以上に引用した3つの例を比べてみると、方法論としては共通するものがあることに気づかれるでしょう。いずれも出発点は、見る・聞く・触るといった知覚、つまり、直接的で素朴な知覚体験です。次は、「色を塗りながら描く」、「描きながら色を塗る」という意図的な操作の段階へとつながります。「魚」のイメージは、感情的な領域に語りかけます。いずれイメージから記号へと移行し、生徒の理解力が求められる際にも、これがなお影響を及ぼすのです。

では、子音の文字イメージを見つけるという課題に向き合うにあたって、まず注意すべきはどのようなことでしょうか。とりわけ重要なのは、たくさんの品詞の中でも、あえて名詞を選ぶということです。なぜなら、大抵の名詞は、具象的な性格を持っているからです。もちろん、それは、エジプトの文字のように、木や鳥、泉、水晶（Kristall）（絵17）など、自然現象を意味する言葉の場合です。1年生の子どもたちにとっては、物語の題材やメルヘンも大きな役割を演じます。それらは、王様や巨人、小人、妖精など、文字へと変化させるのにふさわしいイメージの宝庫といえます。あまりおすすめできないのは、技術分野の単語です。この年齢段階の生徒たちはパワーショベルの動きに大きな興味を持ちますし、「掘る手」が土の中に入っていくという印象はなるほど驚きに値するものではありますが、この年齢の精神構造にとって、必ずしもそこからはっきりしたイメージが自ずと生じてくるわけではないのです。また、日常生活であまりにも親しんでいる日用品、あるいは、怒りや優雅さ、臆病、勇気といった精神的な性質を表現する名詞も、適切とはいえないでしょう。

[絵18]

さらに、子音ごとのさまざまな音の性質についても触れておかなくてはなりません。それは彫刻のように、息を言葉へと調節していきます。例えば“Ｆ”のように、息の流れを外に吐き出して発音する場合は、吹出音を用いて話すわけです。シュタイナーは、“Ｆ”について、息を外に吹き出すと、散り散りになってひとところに固まらない音、と特徴づけています。唇から外に向かって「吹く」ようにすると、まさにそれをはっきりと体験することができるでしょう。こうした視点を持って“Ｆ”という子音のイメージを探すなら、例えば「羽毛（Feder）」、「火（Feuer）」、「松明（たいまつ）(Fackel)」などが、音に伴う空気の動きと調和するのではないでしょうか。逆に、“Ｋ”や“Ｐ”といった衝撃音を教える時は、事情が異なります。吹出音と違って、衝撃音の場合には、つねに輪郭が設けられることになります。つまり、息の流れに、形成力を伴うもの、維持するもの、輪郭を形作るものを持たせなければならないのです。例えば、「水晶（Kristall）」、「岩礁（Klippe）」、「くさび（Keil）」といった単語を考えてみましょう。私たちはそこに、先の尖った角張った形、硬く出来上がったものが表現されている感じを覚えます。そうした意味で、水晶のように自然に存在する、シンプルで象徴的な造形を通して、線の角度の組み合わせでできた文字“Ｋ”へとつなげることができるのではないでしょうか（絵17, 18)。あるいは、“Ｐ”を例にとってみましょう。“Ｐ”と発音する時には、空間に向かって弓形に伸びていく感じがあります。「きのこ（Pilz）」（絵20）や「ヤシ（Palme）」、「オウム（Papagei）（のくちばしの形）」などの単語は、この衝撃音の動きをうまく捉え、目に見える形にしてくれるものだといえるでしょう。

音についてさらに研究して、さまざまな具象的形成力を掘り下げ、発話に伴う人間の息の流れを識別していくことで、教師たちはきっと勇気を得て、文字イメージを探求する力が湧き立つことでしょう。[16]

発話にまつわる音楽的な側面は、母音が代表することになります。母音は、外的な事物を写しとるのではなく、人間の仕草の形態の中に、その人の内側から来るものを打ち明けます。とても驚いた時、原因が予測できなければなおのこと、大人でも口をあんぐり開けてしまうことがあるでしょう。シュタイナーは、子どもたちが崇高なものを見た時を例に挙げます。例えば、光が満ち、夜の暗闇が克服される、日の出の瞬間。

ここで、“Ｕ”という母音について考えてみましょう（絵19)。“Ｕ”と発音すると、それだけで人は、

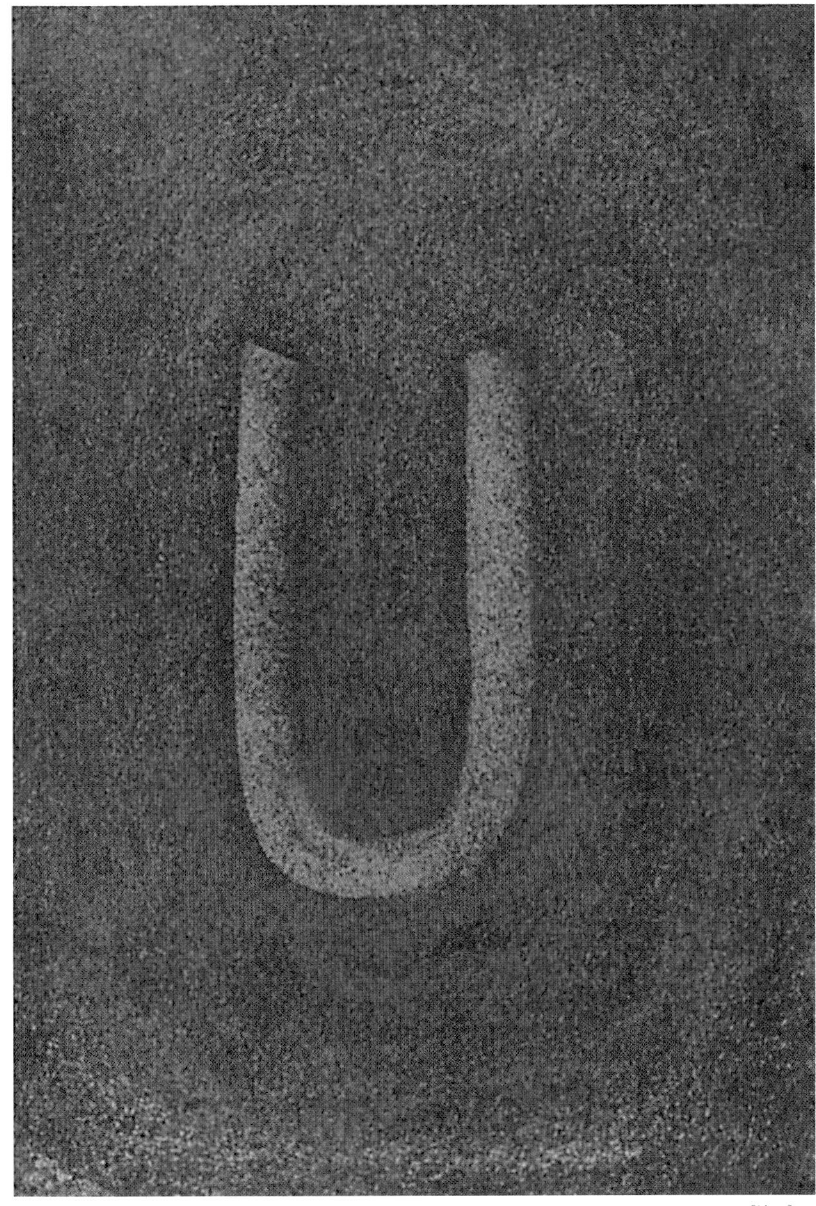

[絵19]

縮小し、収縮したような感じを体験しています。“Ａ”の場合は全く逆で、世界に対して心を開きます。さらに別の仕草を示すのが、母音の“Ｉ”です（絵16）。この音の体験は、立ち上がろうとする内的な力へと私たちを導くようです。[17] このように、内的な音の仕草に応じて、それぞれの母音が特別の方法で立ち現れるのです。生徒たちは、オイリュトミー[v] の中で、仕草の端緒のようなものを体験します。まずは触りの部分から、それからだんだんと深く見知っていくのです。それは、霊的なところから大気へと入っていき、腕の動きを通して目に見える形になっていきます。もちろん、同じことは子音にも当てはまります。子音ではあくまで表現がより具体的であるということにすぎません。

母音に充てられたローマ字のブロック体を眺めてみましょう。それはきわめて単純で、すでに親しみのある直線や曲線です。“Ａ”では「開くこと」、“Ｏ”では「閉じること」、“Ｉ”では「伸びること」、“Ｕ”では「縮むこと」、“Ｅ”では「ぶつかること」といったように、それぞれに母音の仕草を表現しています。ですから、外的なイメージを探す必要はないのです。音の響きの中に体験される光や闇の力のようなものは、形に自由に色をつけることによって、さらにはっきりさせることもできます。文字の手ほどきに使う具象イメージは、例えばこんなものがよいでしょう。輝く太陽の光の下で歩き回るうち、日が暮れてきて暗い森に辿りつく。それは、見通しのきかない不気味な森で、「ワシミミズク（Uhu)」のものと思われる鳴き声が聞こえる――。この体験を色に置き換えるなら、外側は明るく、だんだんと青味を帯びた雰囲気に移り変わっていき、その中に母音の“Ｕ”が見えるというように描けるのではないでしょうか（絵19）。これとは逆の、暗闇から光へ、という体験が導くのは、母音の“Ｉ”です！「真っ暗闇を手探りで歩いているように」、難しい謎に頭を悩ませていたら、そこへ突然、答えが訪れて、頭の中がパッと明るくなった、というようなイメージです（絵16）。

文字に関するシュタイナーの方法論的な観点は、さまざまな形で私たちを勇気づけてくれるものであるといえます。いかなるドグマ的な方針からも離れて、自らの手で、創造的に行動していくことができるようになるにちがいありません。取り組む際には、次のことさえ守ればよいでしょう。体裁的なところに満足することなく、細かく描きこみすぎて収集がつかなくなってしまうこともなく、体感される具象イメージを、抽象的なものに遮られずに文字へと導くという課題だけをつねに捉えておくのです。

訳注ｖ　オイリュトミーとは、シュタイナーが妻マリー・シュタイナーの協力を得て生み出した運動芸術（音と言葉の動きと表現が一体となった総合芸術）です。オイリュトミーは、ギリシャ語で、調和ある美をあらわす「オイ」とリズムを表す「リュトモース」とがひとつになった言葉で、シュタイナー学校の科目として設定されています。

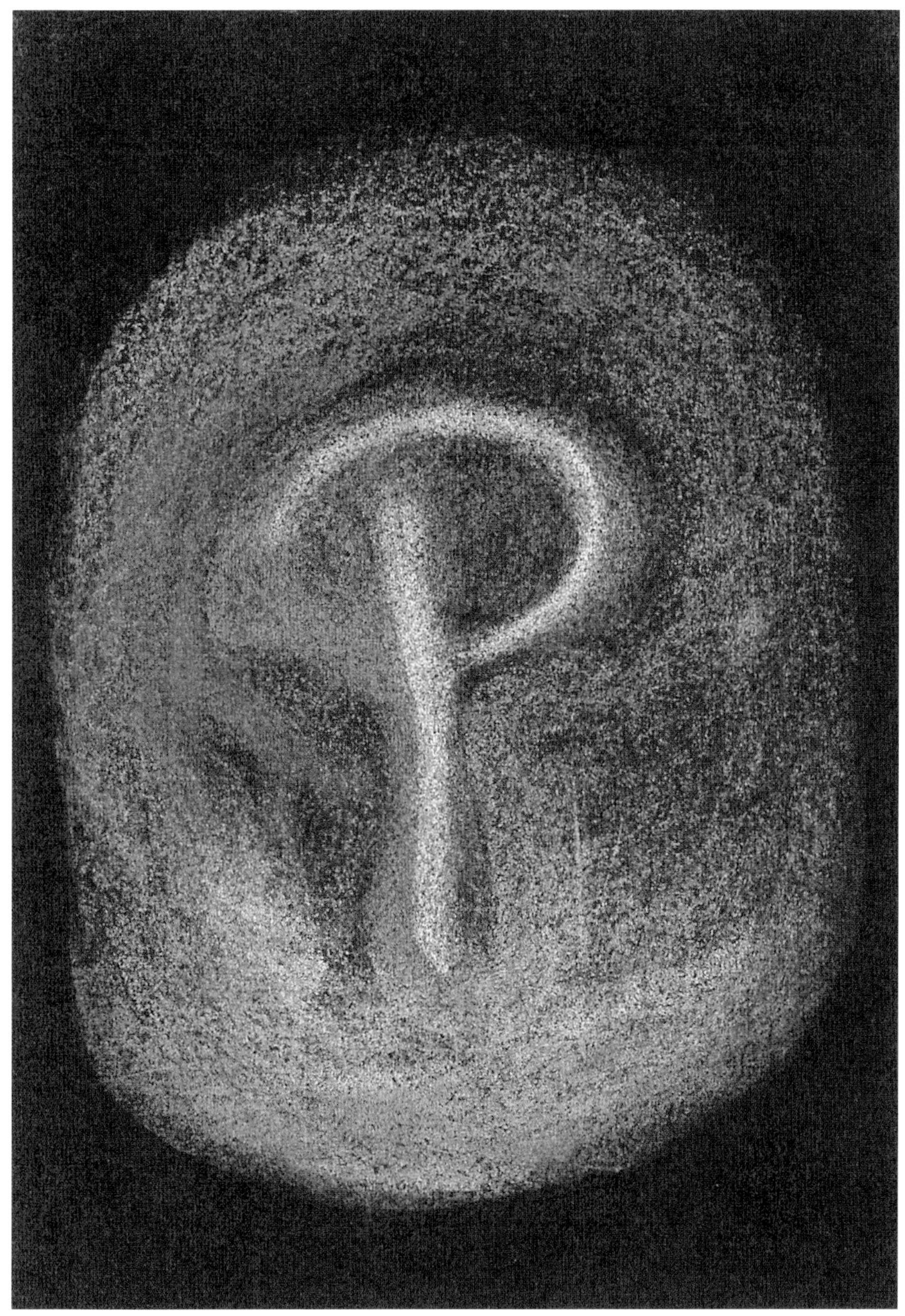

[絵20]

7．人物 ― 静と動

授業の流れから黒板に人物像を描く場合には、どのように進めればよいでしょうか。描き始める前に、人物のプロポーションを考えておきましょう。成人像では、頭の長さを総身長のおよそ７分の１に取るようにします。これを基本にして、より大きい像、より小さい像というバリエーションを作ればよいでしょう。子どもであれば、成人よりも胴体に対する頭の割合が大きくなっているのです。

前もって考えずに黒板に描き始めると、どうしても頭でっかちな像になってしまいます。人間は、普段の意識や感覚の中で、手足の長さよりも頭部の方に、よりはっきりしたイメージを持っているためです。道を行き違う人々に対してはまた事情が異なります。誰かがこちらに向かってきたり、背中を見せて前を歩いていたりする場合は、まず全体的な印象の方に目を引かれるものでしょう。

実際に描いていくにあたっては、形態の特徴の細かな違いを利用することで、男性像・女性像をうまく表現することができます。一般的に、男性像は肩幅が広く、角張った顔の形を示すのに対して、女性像は肩幅が狭く、より丸みを帯びた顔の形をしているのです。

続いて、立ち姿のスケッチに進みましょう。まずは、横向きにしたチョークの広い面を使って、上から下に適切な長さの平らな基本線を引くことをお勧めします。（大きさに応じて）必要であれば、もう1本描き足して補強してもよいでしょう。次に、中央の上部に短い首の部分を決め、その上にチョークの狭い面で頭部を描きます。こうすると、特に形を整えなくても、何らかの印象が生まれてくるのではないでしょうか（絵21）。

チョークを平らに持ったまま、少しずつ塗り重ねていけば、この基本形はさらに変化していきます。例えば、赤色で基本形を描いてみましょう。次に、両方の肩の端あたりから軽く斜めの方向に、青色のチョークを下まで引いてマントを垂らします。小さな強調線で王冠をつければ、ほら、王様の出来上がりです。もっと詳細に、笏を持った腕や髪の毛などを示すものを付け足せば、より完成されたものになるでしょう（絵22）。

［絵21］

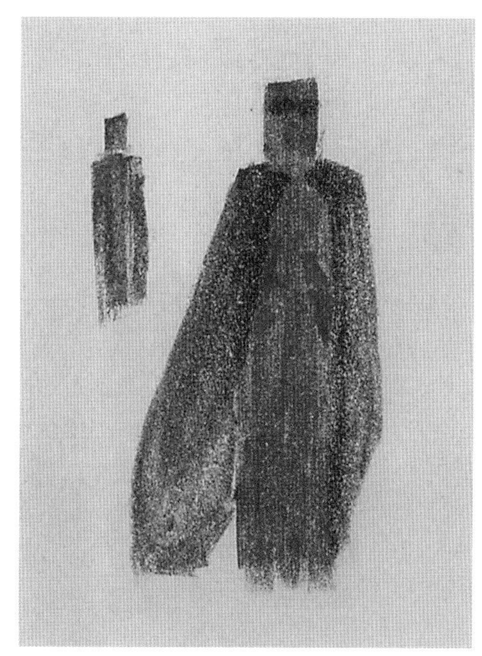

［絵22］

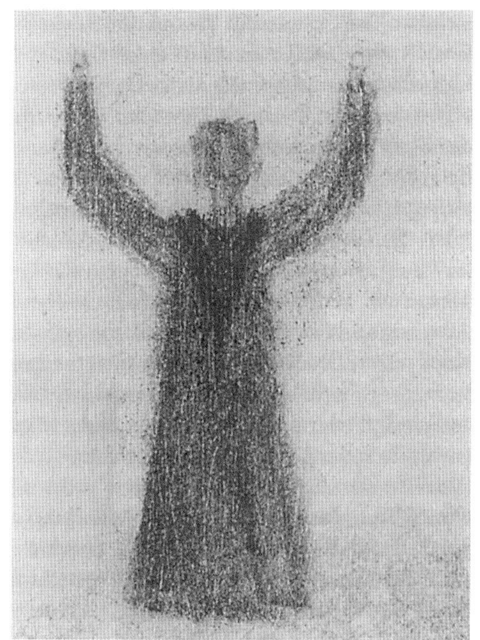

［絵23］

［絵24］

[絵25]

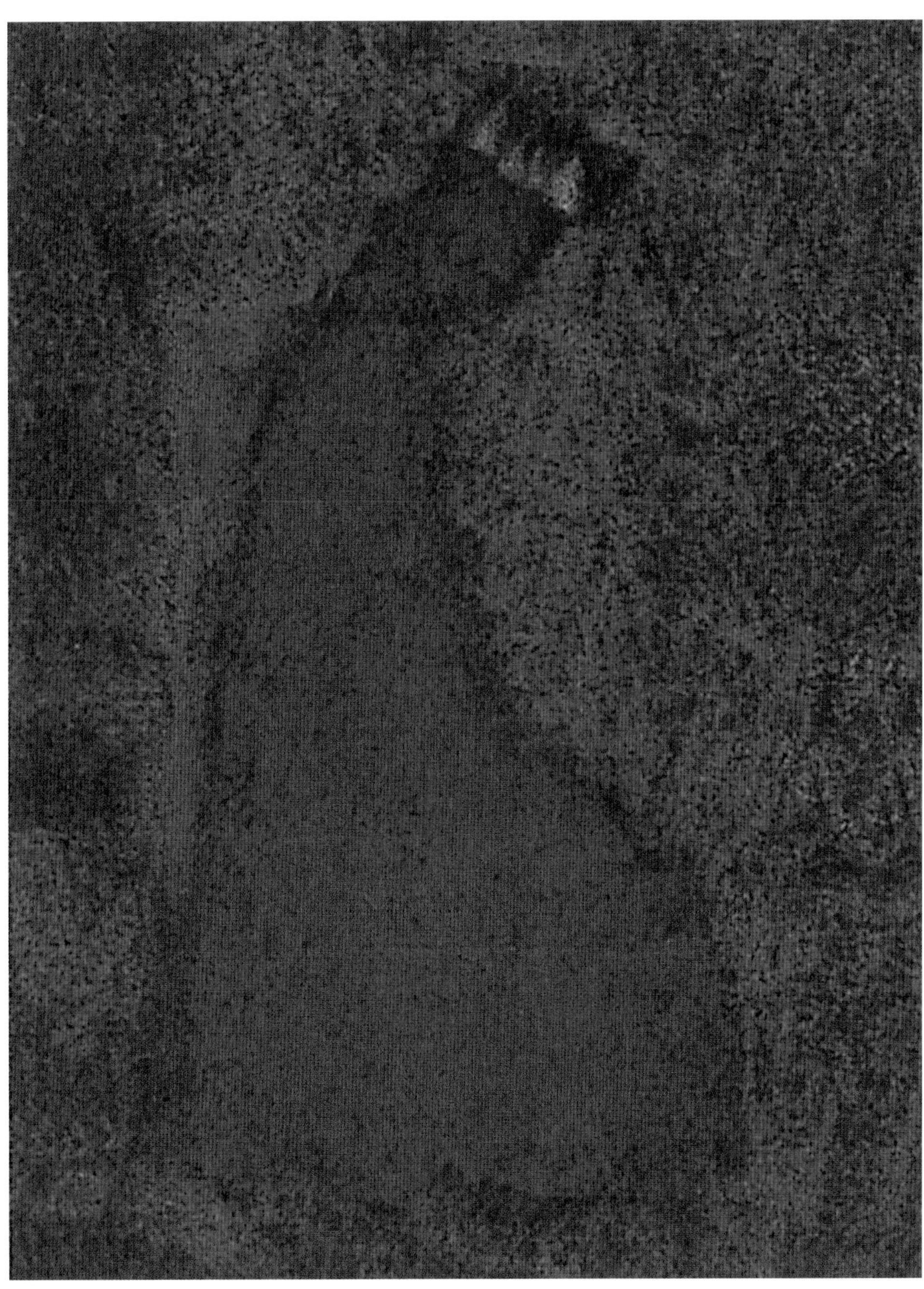

［絵26］

ここではあくまで本質的なもののみに限るようにしましょう。それぞれのテーマにふさわしい色を組み合わせることも重要です。子どものファンタジーが十分に働きうるだけのあそびがあれば、チョークの暗示するものを、上手に補ってくれるにちがいありません（絵23, 24）。

同じ構図から別の試みもできます。今度は、赤いマントを左肩にだけ垂らしてみましょう。正面図から側面図へと転換するのです。この場合、王冠の下の髪の毛は、頭の前側から後ろに向かって落ちるようにしなければなりません。オレンジ色の衣の裾のあたりに左へ軽い動きをつけて足を暗示すれば、王様を前に進ませることもできるでしょう（絵25）。

次の課題では、玉座に座っている王様を描いてみましょう（絵26）。今回も側面図になります。まずは薄いタッチで垂直方向に背もたれを描き、その下の方に四角形の面を加えます。台の高くなったところを玉座にして、右側にさらに2，3段の階段を続けてもよいかもしれません。そして、その上に王様の像を座らせるべく、背もたれの高さに応じた上半身を重ねて描きます。続いて、座面から、角の取れた滑らかな三角形の形を描いて下半身を作っていきます。赤いマントは、首から下に広がる色の面としてのみ示されます。

寝ている像の場合はどうでしょうか。まずはひとつ色を選び、土台となる寝台を、頭側に向かっていくらか上り坂になるようにします。そうすれば、人物の上半身がよりよく見えるようになるでしょう。

以上に述べた像はどれも、立っているか座っているか寝ているかによらず、垂直あるいは水平いずれかの方向に姿勢が定まっていたといえます。今度は、動きという面に目を向けて、動いている人物を表現することにしましょう。ここでは、斜め線から始めることをおすすめします。

最初の課題として、まずは赤いチョークで、急勾配の、垂直に近いような斜め線を引いてみましょう。そして、（“Ｋ”の字のように）その中央から半分くらいの長さの線を下向きに引き、同じ側の上部に、もう少し上向きの線を付け足せば、力強く大股で進む人物の基本形が出来上がります。さらに頭と足を加えて、後ろになびくマントを描けば、よりダイナミックな感じを出すことができるでしょう。歩く人の手にステッキや軍旗のようなものを持たせれば、王様の使者にもなります（絵27, 28）。

［絵27］

［絵28］

次は、斜め線をさらに下に傾けてみましょう。中央から平たいタッチで、まずはやや上方向に、それから下方向へと角度をつければ、前に突き進む人の出来上がりです(絵29右)。この人物にも、風になびくマントを羽織らせて、遠くに腕を突き上げるか、頭に兜を被り、手に剣を持っているようにしてもよいかもしれません。「ドラゴン」との戦いに出かけるところに見えてくるはずです。この人物は、先ほどの人物よりもずっと速く動いていますが、足をつけてあげることは忘れずに。

逆に、後ずさりしている、あるいは驚いている人を描きたい場合は、向きを変える必要があります。斜め線をこの場合は多少強めに、後ろ向きに反らせるのです。真ん中から分岐する後ろの脚を支えにし、今回はそれを下に向かってより垂直にして、転倒しないようにしなければなりません。

このように、さまざまな動きのアプローチを順番に試してみましょう。複数の人物像の集まりを描くのも魅力的です。互いに近づいていく、あるいは離れていくようにしてもいいし、立っている人や座っている人を組み合わせるのもよいでしょう。こうした練習を色々試すにあたっては、例えば子どもたちが原っぱでボール遊びをしている時などに、動きの流れをいつもより注意深く観察し、自分の黒板絵の練習に役立てるようにするとよいでしょう。

［絵29］

［絵30］

ここまで、人物像のプロポーションや動きについて触れてきましたが、第3に、周囲の色付けについても少し述べておく必要があるでしょう。絵の構成にとって、衣服の色と同じくらい重要だからです。

黒板絵で、人間が屋外の環境にいるというテーマを扱う場合には、昼の雰囲気なのか夜の雰囲気なのかに合わせて色を選択するとよいでしょう。

聖クリストフォルスの像を例に取ってみましょう（絵31）。聖人伝によれば、ある晩、彼は川に呼ばれますが、暗闇のせいで最初は誰が呼んでいるのかわからなかったといいます。こうした説明に続いて、黒板に像を描くとします。子どもを肩に乗せて、どんなふうに向こう岸に運んでいるのか。その光のオーラは、暗闇に向かう中で、より明るい淡紫色や青色の色調を誘うでしょう。他の部分は暗い色調の絵ですが、その辺りだけ明るくなるようにするのです。

これに対して、聖フランシスコのお話ではどうでしょうか。彼はどのように鳥たちに説教するのでしょう。こちらは、陽の当たる昼の雰囲気が、全体的な配色の決め手になります。いずれの場合も、聖人像の衣服は、周囲の色と調和させるようにします。それによって、絵の内容の本質が、より強く表現されることになるでしょう。

[絵31]

室内にいる人物の場合も、人物に着せる色は、その人のいる空間が明るいのか暗いのか、その都度の心の雰囲気によって導かれます。

3年生の子どもたちに、旧約聖書のサウル王と羊飼いの少年ダビデの物語を語る場合を考えてみましょう。ここでは、2人の人物を全く違うように描かなければなりません。

アマレク人に勝利を収めた後、神の命令に背いて戦利品を手放さなかったサウル王は、その結果、神に見放され、ふさぎ込んでしまいます。陰鬱な気分が彼を取り巻きます（絵32）。一方、羊飼いの若者ダビデは、竪琴の名手として知られ、その音色で王を癒すようにと宮殿に呼ばれます。ダビデには、明るい見た目がふさわしいでしょう。彼の竪琴によって、暗澹たる王の領域に光が差し込むのです。このテーマで黒板絵を描こうとする場合、宮殿の空間の写実的な描写に夢中にならないことが肝心です。この場合はむしろ、心の空間を際立たせる方が重要であって、色を通じてそれが見て取れるようにしなければならないのです。

例えば、次のようにしてはどうでしょうか。まずは左側に簡単な玉座を描き、その上に、うなだれた王の横からの姿を赤色と紫色とを使って示し、周りには青い色調を纏わせます。続いて右側に、温かい金色の色調で、竪琴を持ったダビデをひざまずかせ、光り輝く黄色を纏わせます。これが青色に向かって光を放ち、緑色になりながら明るく輝いていきます。この色を音楽のイメージとするのです。

以上に述べた3つの人間像のモチーフ、聖クリストフォルス、聖フランシスコ、そしてサウル王と羊飼いの少年ダビデは、何百年もの間、優れた芸術家たちにインスピレーションを与え続けてきました。それぞれの時代の表現形式や個人的な見解に応じて、ここで引き合いに出したものとは異なる表現形態がその都度選ばれています。

シュタイナー教育の場合、担任教師の総合芸術的な創作は1年生のうちから始まるといえます。1年生から3年生まで、水彩画を通して子どもたちに色を体験させますが、黒板絵を描く際にも、その状況がふさわしいものになるよう隅々まで配慮します。つまり、黒板絵にイメージを描き出すために、具象的なものはつねに抑制し、色たちからインスピレーションを受け取るようにするのです。[18]

[絵32]

8．動物 — 生息と住処

9歳から10歳にかけて、子どもは自分の環境に対して新たな興味を持ち始めます。とりわけ、動物や植物の世界といった具象的なものに対して感受性を持ちやすくなるのです。博物学的な事柄は、それ以前の学年でも寓話や物語などの形で扱われますが、シュタイナー教育における本格的な博物学の授業は、４年生になってはじめて始まります。

この授業分野の方法論として重要なのは、教師が表面的な観察法ばかりに留まることなく、霊的な力から来るものを、つまり、動物や植物の中にあって、その特有の現象形態を導いているものを、子どもたちに伝えられるように努めるということです。

黒板絵の観点から言うと、経験上、このエポック——特に動物学——では、少し尻込みをしてしまうような新しい課題が生じます。人物像の場合、静と動の違いはあっても、なお変わらない一定の形式的要素を描けばよいところを、特定の動物を描写する場合には、その特徴的な表現形態を正確に認識することが不可欠なのです。ただし、この分野においても、輪郭線をあれこれ修正することに長いことかかずらわずに済む方法があります。

色のチョークを黒板で試す前に、やはりまずは紙の上で練習しておくことをおすすめします。最初に単純な面を描いてから、その形を変化させていきます。この練習を通して、面の広がり方によって印象が異なってくることに、よく気がつくようになるでしょう（絵33）。

ひとつめの課題として、真ん丸と、直立した楕円とを並べてみます。すると、この2つの丸の形からそれぞれ違った印象が立ち現れてくるのがわかります。最初の丸には、どこかそれ自体で完結したような、静謐な感じがあります。目に見えない中心点から全方向に向かって、同じ程度に広がりを持っています。一方の楕円は、垂直性が貫くことで、丸みを帯びながらもよりほっそりした外観を形成しています。水平あるいは斜めの線の方向との兼ね合いで、さらに別の印象を呼び起こすこともできるでしょう。

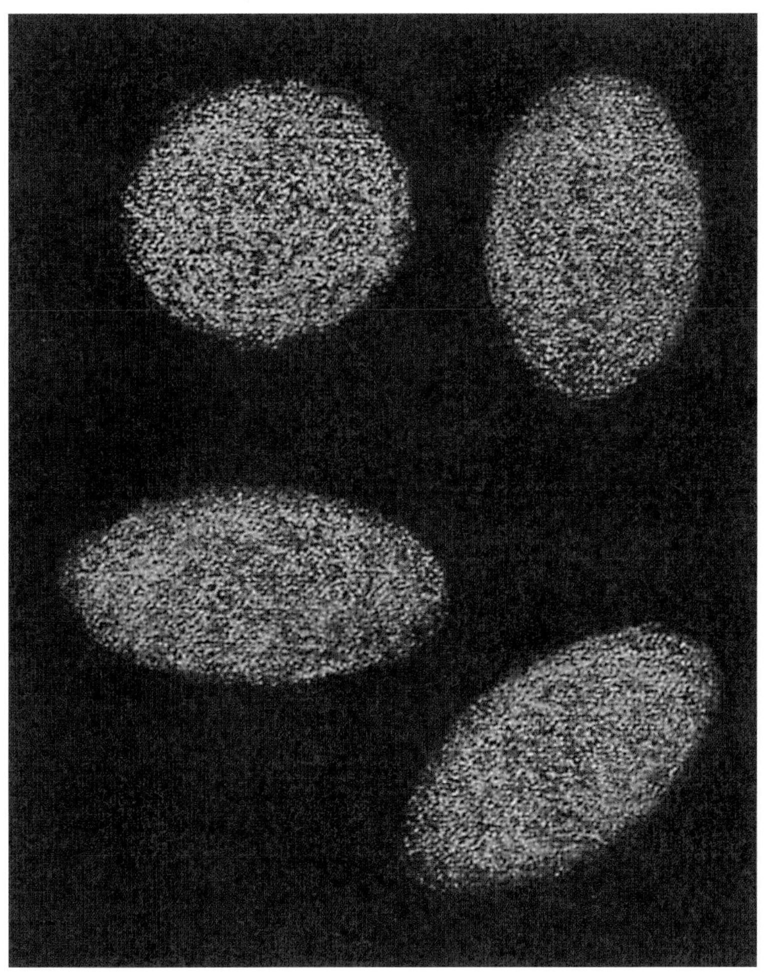

[絵33]

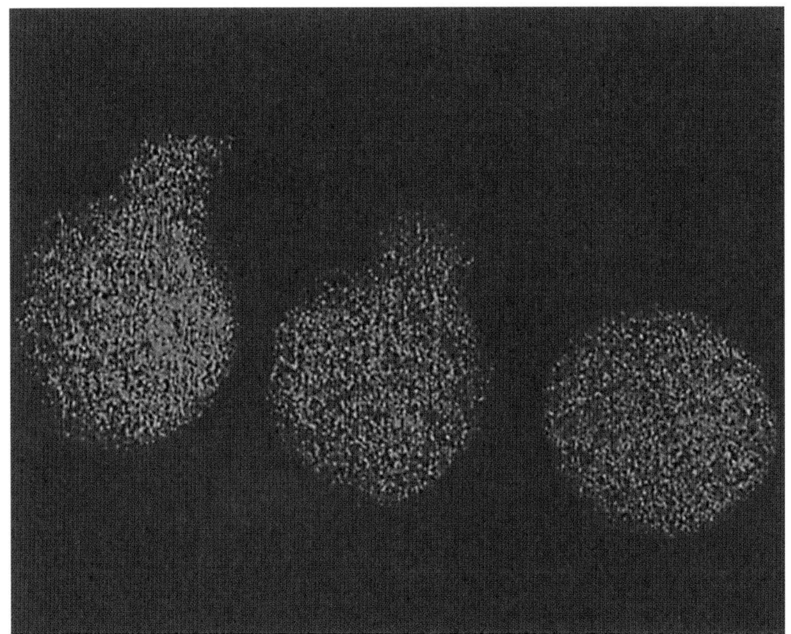

[絵34]

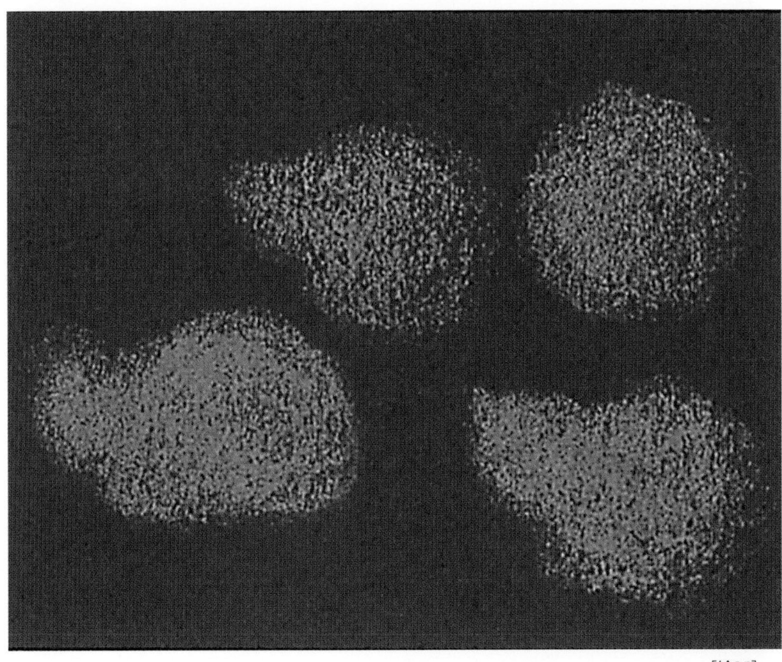

[絵35]

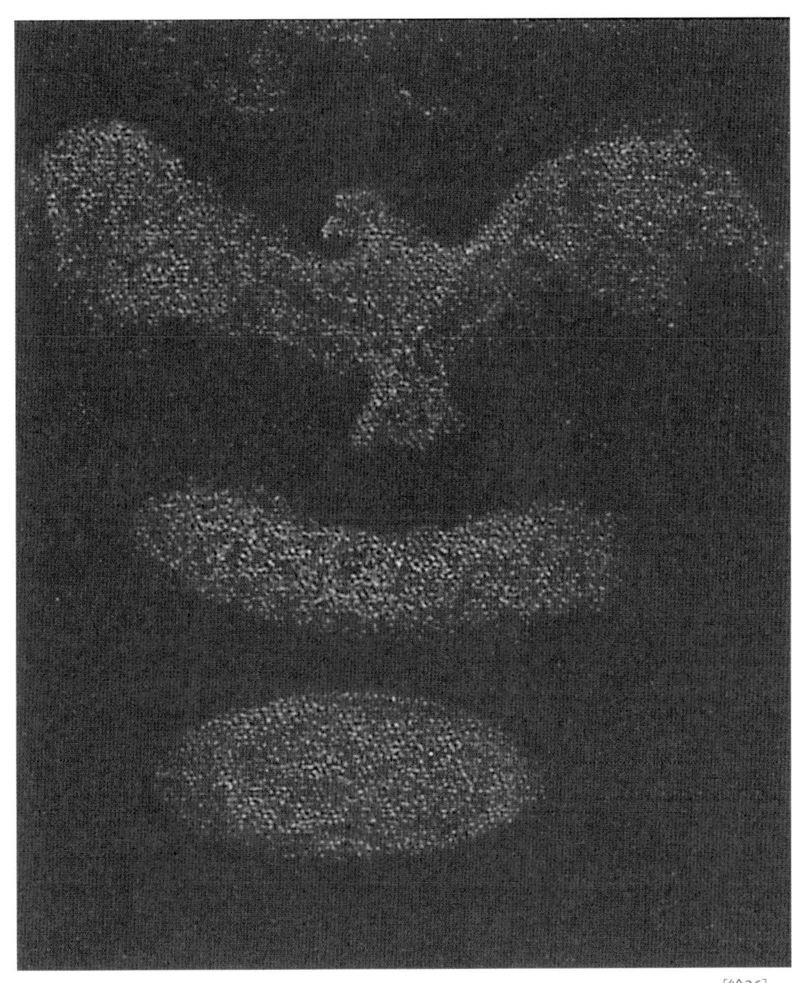

[絵36]

今度は、この出発点から、もう少し緩めに、様々な形の変化をつけていきます。例えば、特に目的を決めずに、真ん丸の面の右か左に、ふっくらした形を突き出してみましょう。続いて、それを最初の丸の面からさらに引き離してみます。すると、そこにイメージ的なものが入り込んでくるのがわかるでしょう。わずかに手を加えるだけで、丸くうずくまった猫に見えてくるのではないでしょうか（絵34, 35）。

ここで一旦立ち止まって、丸くて温かいものの性質を味わってみるのもよいでしょう。というのも、このような練習ではつねに、質的なものに自分の気持ちを入れて感じることが、何よりも重要だからです。

次は、横向きの楕円を課題にしてみましょう。ここから2通りに形を変化させます。まずは、横向きに描いた面の中に、広がりの要素が現れてくる様子を感じましょう。それは自由空間に浮かんでいるようでもあります。この体験を糸口にして、両側を上方に持ち上げて、だんだん細くなっていくように描いていくと、どうでしょう。そこは、空を飛ぶものたちの世界。中央に頭と尻尾の線を引くことで、鳥の姿になるのです。ここでも、軽く浮遊するものを体験することこそが、何よりも大切であるといえます（絵36）。

今度は、この横向きの楕円形の下側を、均一に真っ直ぐになるように変えてみましょう。すると、何かが横たわって休息しているような印象が生まれてきます。その片側の上を少しだけ突き出して軽くし、それが再びだんだんと重みを帯びていくようにすれば、例えば雌牛のような放牧動物の形になります。続いて、斜め向きの楕円形にも取り組んでみましょう。楕円がさらに斜めに伸びていくように塗り、上に向かって次第に細くしていきます。すると、キリンのような長い首を持った動物が今にも出てくるかのように体感されるのではないでしょうか（絵37）。

ところで、教師が授業で特定の動物を扱おうとする場合には、あらかじめ下準備をして、正確な知識を得ておかなくてはなりません。この知識を用いつつ、予行演習につなげていけば、きっとクラスの生徒の前で黒板絵を描く時の助けとなることでしょう（絵38）。

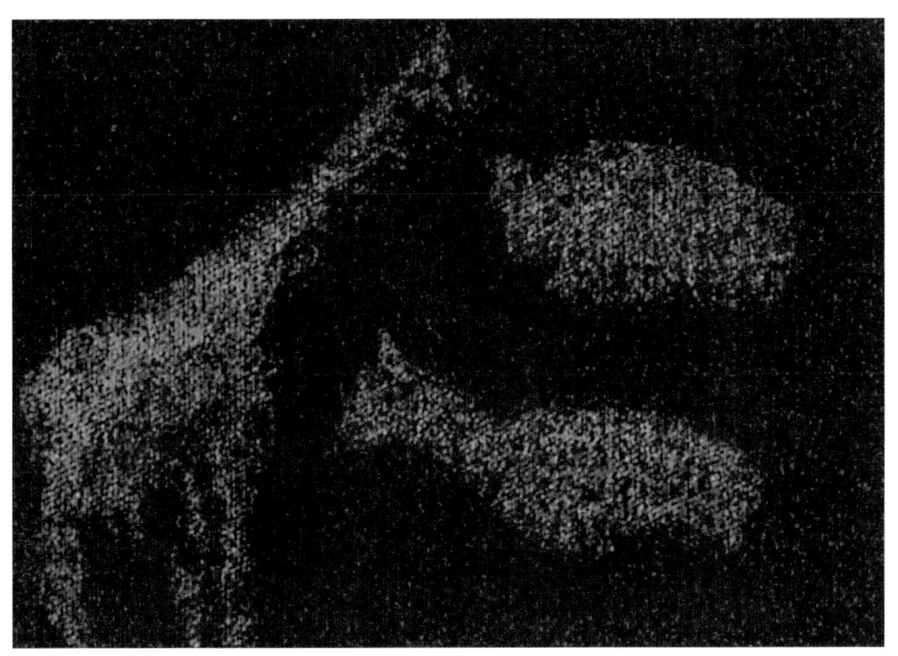

[絵37]

動物学では、形態の要素がとりわけ重要な役割を演じますが、あいにく動物を知る機会は植物に比べて少ないものです。したがって、動物の形を簡単に際立たせられる手法をもうひとつご紹介しておきましょう。それは、こんなやり方です。

チョークで上端から均一に長方形の面を塗り、下の方に半円の形を抜きます。そして、チョークを横に倒し、半円の下側に直線を引くのです。下地が黒で、チョークが黄色であれば、黄色の背景の中に黒い半円形が浮かんで見えるはずです。それから、半円の片側だけもう少し急に傾斜するように塗れば、この原型からハリネズミの姿が現れてくるのではないでしょうか（絵40）。

次に、上半分の半円を平べったくし、両端を外に軽く振り出してみましょう。今度は亀の出来上がりです（絵39）。原理を一旦理解しさえすれば、地抜きの方法はあらゆる種類の動物に使うことができます。どの原型がふさわしいか、その都度よく考えるとよいでしょう。例えば、卵の形から、ひよこ、めんどり、おんどりを掘り出してくることもできます。文字通り、卵から孵るというわけです。

先ほど述べた、内側から外側へと進めていく練習と違って、ここで描くものについては、あらかじめ動物の全体形のイメージを持っていなければなりません。それによって、いわば手探りで、原型から正しい方向へと動かしていくのです。

4年生になると、水彩画の方でも[19]、色を動物の形につなげていく取り組みが始まり 、そこで地抜きの方法の応用を学びます。それゆえ、以上のような成立過程を黒板上でともに体験することは、子どもたちにとってとても大切です。こうした出来事は、つねに目覚めの特徴を持っています。

さて、ここまで見てきた形の要素は、あくまで完成までの中間地点にすぎません。今度は、動物画を仕上げるうえで不可欠な、色の構成についてお話しする必要があるでしょう。一般的に言って、動物を黒板に描くときに周りの環境まで描かないとすれば、それは芸術的とはいえません。つまり、その動物が生息している環境が見て取れるものでなければならないのです。だからと言って、黒板全体をつねに埋める必要はありません。多くの場合は、わずかに色を付けて、何らか周辺の特徴を示せれば十分でしょう。

[絵38]

[絵39]

例えば、空の生き物の場合には、雲の形を作って空を飾りたてるよりは、むしろ精緻な線の運びと色塗りの技術で、鳥の周りにある空気の要素を形作り、羽毛の生えた動物がそれに乗って運ばれているように見せることが重要です。近くでは、大気の色合いが共鳴しているはずです。ワシであれば、太陽の光の中で、空のとても高いところを旋回するわけですから、そうした光の面を特に描き出さなければなりません（口絵）。

魚のような水生動物は、流れの要素、青緑色の波の中を泳がせましょう。ここでもやはり、チョークのタッチをうまく使って、水らしさが見て取れるようにしなければなりません。

陸生動物の練習も必要です。例えば、岩山に棲むヤギ。彼らの周りには、灰褐色や赤褐色を用いて、ゴツゴツした地面や岩の形を作ってあげるとよいでしょう。緑の草を食むノロジカのような動物には、暗い森の背景をつけます。それは、彼らがいつでも引き上げていくことができる、安心の避難場所なのです。

以上見てきたさまざまな住処、森林地帯の爽やかな緑、天に近い岩だらけの高地、水の流れ、陽の光に満ちた空気などは、全て生が営まれる場所であり、教師はそれを色のチョークで形作って、生徒たちに全体像を思い描かせるのです。

［絵40］

［絵41］

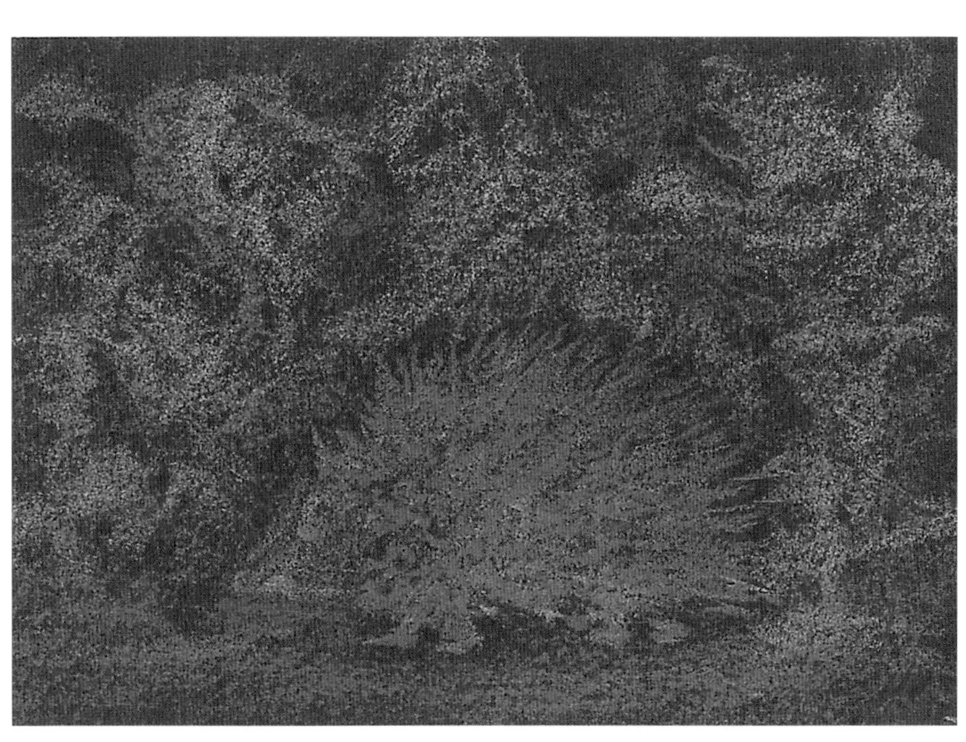

［絵42］

［絵43］

9.　植物 — 天と地をつなぐもの

6, 7歳の子どもの絵を見てみると、物語を題材にした絵か、家で自然に描いた絵かにかかわらず、とてもよく目につくものがあります。太陽が笑っていたり、木の根がとても表情豊かであったりするのです。ここには、子どもと周囲の世界との強い結びつき、天と地に対する本能的な体験が現れているといえます。

シュタイナー教育では、5年生で植物学が始まります。エポックの始めに、まずは植物の絵を描きます。植物は動物とは異なり、ひとつところに結び付いて、天と地との間を伸びていきます。根を通して大地の世界と親密につながり、つぼみは、太陽の光によって花へとほころんでいくのです。この年齢では、植物を、大地や太陽の力と結びついたものとして観察しなければならない、とルドルフ・シュタイナーは述べています[20]。

ここで季節に目を向けてみましょう。太陽と大地とが織りなす関係が、植物の成長に影響を及ぼします。季節ごとの光や湿度のバランスを通して、それにふさわしいさまざまな種類の植物が共に形作られていくのです。こうした観点のもとで黒板絵を描こうとするなら、教師自身が前もってこの辺りに気持ちを整えておけるように、いくつか練習課題をこなしておくとよいでしょう。

最初は、紙に色をつけるところから始めてみましょう。太陽光を示す黄色を、紙の上縁から下へと降り注がせます。または真ん中から——もっと魅力的に、右側や左側から——光を放つのもよいでしょう。下側には、青色で暗さのコントラストを作ります。2つの色が出会い、緩やかに絡み合うところに、緑色が生じます。続いて、完全に覆ってしまわないように気をつけながら紫色や茶色を重ねれば、青色にさらに土らしい特徴を与えることができるでしょう。

今度は、緑色を芽吹かせて高く伸ばし、先が黄色になっていくようにします。そして、黄色い面の上部にオレンジがかった色調を与えると、どうでしょうか。緑色の上の中央に掲げられる黄色が、一番明るい色として際立ち、花らしい感じが生まれます。特別に形を際立たせなくても、さしあたり植物の全体像を表すことができるのです。ここからバリエーションが生まれ、色分けや配置によって、季節にまつわるものを表現できるようになります（絵44）。例えば、春になり、最初の薄緑色が地表に生じてくるところから始めましょう。この練習では紙を横長に置き、温かみを持たない光の色で、紙の大部分を覆います。下側の領域には、上に向かって隆起する、低くて、軽そうに見える青色の面を置き、緑色を少しだけ上へと芽吹かせます。これに対して、植物の生命が盛りを迎える夏は、赤みを帯びた温かく逞しい緑色が、縦長に置いた紙の上まで力強く押し上がるようにします。そして秋の雰囲気では、金とオレンジの色調を持った緑色の面が、緑（秋の草原を思い浮かべた時の色）または茶色の、乾いた色合いの大地に変わります。ここで、空を冷たく青みがかった色にすることによって、弱くなった光も同時に表現できるでしょう。

こうした事前演習を授業準備の一環として行っておくと、ひいてはシュタイナーの求めに応えることにも通じます。彼は次のように述べています。植物は、他と切り離されたものとしてではなく、宇宙全体の力との関連において捉えるようにしなければならない、そうすれば、子どもたちと話し合ったものを黒板絵に描く時に、それがたとえ特定の種類の植物にまつわるものであっても、つねに宇宙全体のつながりを表現できるようなイメージでもって彼らに働きかけることができるだろう、と。シュタイナーが教師たちに呼びかけようとしたのは、9歳から12歳にかけての博物学の諸分野では、創造的な生成こそが重要であり、植物学の本に見受けられるような「非 - 具象性の3乗」ともいうべきものにただ倣うだけであってはならない、ということです。この「非 - 具象性の3乗」という表現[21]に、初めは驚くかもしれません。なるほど植物学の本には、植物の写真、知っておくべき細目、準備に必要なものが書かれています。しかし、そのような記述方法は、植物採集を思わせます。切り取った植物の一部を保管することはできますが、本当の理解も、その現れの中に働く諸力からのイメージも、まったく明らかにはならないのです。

季節ごとの色の割合に心を向け、そこから植物界に働く全体的な働きに耳を傾けることについてお話ししてきましたが、別の側面でも忘れてはならないことがあります。それぞれの植物の形の振る舞い方をよく思い出し、それを芸術的 - ゲーテ的な観点で捉えるということです。5年生の子どもたちは、それまでの学年で、対称や非対称の様々な形の性質について、フォルメン線描の手ほどきを受けています。それらの簡単な練習で糸口を掴んでから、個々の植物の姿の固有性を取り上げるようにするのです（絵45, 46）。

［絵44］

例えば、葉の形には、尖ったもの、丸いもの、ギザギザしているもの、膨らみや窪みで波打っているものがあります。子どもは、そうした形のフォルメンを対称形に基づいて描くうちに、今度はオークやカエデなど、自然界に存在する形へと感情移入していくことができるでしょう。

そして、“つぼみ”と“ほころんでいく花”とに示される2つの原形的な振る舞い、つまり、“閉じること”と“開くこと”とは、プロセスとしての描画にとって重要なテーマになります。それらは同時に、“自然に対して開いていくこと”と、“自分の内側に向いていくこと”とが始まる、この年齢段階の精神の振る舞いを描いているようでもあります。

授業で特定の植物について話し合う場合には、植物の外観だけでなく、その季節の背景をなすものを、色と形とを通して黒板に構成していくとよいでしょう。例えば、春の雰囲気について考えてみます。太陽の光はまだそれほど強くありません。草原にクロッカスの花が咲いています(絵47)。花々は立ち上がり、光の方を向き、ほころびはじめていますが、地面を覆うものはわずかしかありません。またその萼(がく)は、蕾のように内側に曲がる傾向を示しています。[22] 対して、夏のイメージはこうです。6月の野バラ。周囲に蔓が張りめぐらされ、数え切れないほどの華奢な花々が、香りを放ちながら陽光に身を晒しています。こうしたテーマでは、絵における色と形の要素がひとつに溶け合っています。ここでより精緻に色の陰影をつければ、花々から光や風の要素へと自ずと移り変わっていくよう促すことができるでしょう(絵48)。

植物学では、地上の出来事とは別に、穀物や球根を抱く大地の領域に関するテーマにも取り組まなければなりません。そこでひそやかに行われていることを、黒板上の色の構成を通して、生徒たちに見せていくのです。例えば、はじめ乾いた環境にある赤茶色の球根であれば、青みのある色調を使うことで、水が浸透していく様子を示すことができます。今度は、球根の外皮の内側から明るい黄色が現れ、外に拡がって、オレンジ色、紫色へと移り変わっていきます。淡い色の根は下へ、黄緑色の萌芽は光に引き寄せられて上へと伸びていきます(絵49)。

植物を描くにあたっては、単なる図解で終わらせることなく、あくまで生徒たちを全体性の体験に誘うことを目指すのです。ここに紹介した例がその営みの参考となるよう願ってやみません。

［絵45］

［絵46］

［絵47］

[絵48]

［絵49］

10.　地図 ― 水と陸

平地であろうと丘陵地であろうと、はたまた高い山脈がそびえていようと大きな水域が広がっていようと、ふだん人間が暮らす場所がつねに関わっているもの、それは地平線です。地平線は、大気のより微細な物質が大地を取り巻き、際立って見えることによって生じます。 想像しましょう。青緑色の海辺に立ち、その上に広がる青い空を見るとします。その色調に、誰もがきっと感銘を受けるはずです。太陽が沈むと空は赤く染まり、私たちの目に赤 - 緑の色調が息づきます。それに伴って、打ち寄せる波、海の塩の香り、軽やかな海風といった、別の知覚からの印象もあるでしょう。空と水面の間には、黒い境界線などどこにもないはずです。

1919年、シュトゥットガルトでの教育方法講座の中で、ルドルフ・シュタイナーは初めて、絵画の授業で行うべき色の練習について触れています[23]。彼が教師たちに呼びかけたのは、線描と彩色とでは、それぞれ全く異なる作用が生まれる、ということでした。私たちが風景を眺める時に目にしているのは、色の割合にほかなりません。絵に描いていく際に、見たものを輪郭線によって記録しようとすると、そこへ抽象的な要素が入ってしまいます。そうすることで、生じているものの形の要素が強調されることになるのです。シュタイナーはこれを「死した」ものと呼び、他方、色の要素を「生きた」ものと表現しました。教師がこのことに本当に気をつけるなら、子どもたちの前で絵を描くときには、全てを色と色との割合で見せていかなければならないというのです。

4年生の郷土学の授業では、はじめに東西南北と太陽の軌道との関係の話をしますが、学校の立地によって、地平線の見え方には違いがあります。それが黒板絵に反映され、生徒たちのノートに写されていくのです。教師が色のチョークで描けば、色の違いで境界が生まれていく様子を生徒たちが体験する良い機会になるでしょう（絵50, 51, 52）。

4年生を対象とするこのエポックの次なる課題は、自分たちの住む慣れ親しんだ故郷の周辺地域を俯瞰的に捉え直し、そこから最初の簡単な地図を作っていくことです[24]。多くの子どもは、両親とドラ

［絵50］

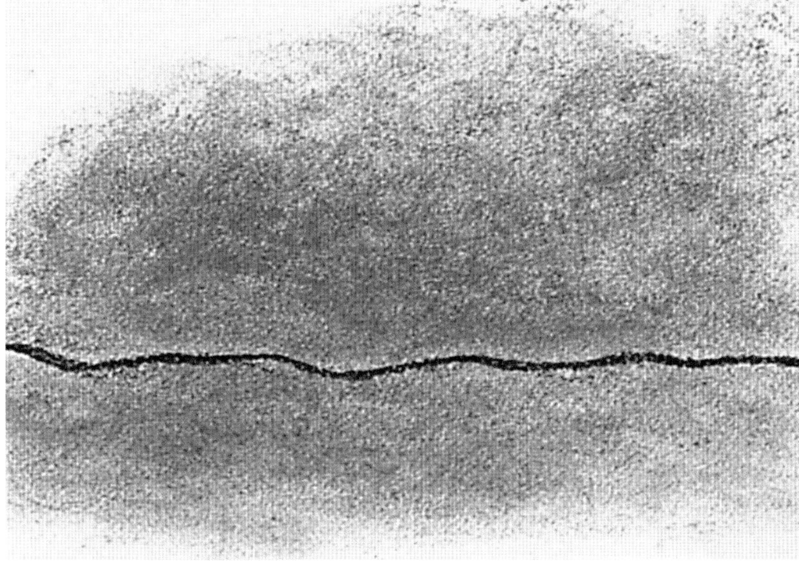

［絵51］

イブに出かけたり、メディアに繰り返し登場する世界地図を目にしたりする中で、その手の印象にはすでに親しんでいることでしょう。しかし彼らは、地図の成り立ちまで知っているわけではありません。そこで、教師はそれぞれ、地域ごとの現状に応じて、クラスの生徒たちと辺りを見渡せるような眺めの良い場所を探しておくとよいでしょう。その景色を、後に黒板に描いて見せるのです。

黒板には、草原や近くの森を表す緑色、並び立つ家々の赤色、青い川、海、水路、そして茶色の道路や通りなどが描かれることでしょう。こうした上からの知覚が、生徒たちにとって初めての距離の体験になります。すると最初のうち、子どもたちの描いたノートのいくつかに、少し目に付くものがあるかもしれません。その子が見たはずのないものが地図の中に持ち込まれていることがあるのです。例えば森の中の鹿だとか、荷物を積んだ車に、ある工場の名前が書かれている、などといったようなものです。この年齢ではまだ、以前目にした想像力を掻き立てるものが渾然一体となっているわけです。教師からすれば、それぞれの子どもがどのような状態にあるか、ここから見て取ることができるともいえます。

本格的に地理学が始まる5年生から6年生にかけては、地図製作を芸術的なものと結びつけるという新たな可能性が出てきます。すでに4年生で動物学、5年生で植物学が始まっていますが、6年生では、地理学との関連で、鉱物を扱わなければなりません。これにまさにふさわしいのは、アルプス地帯でしょう。アルプスは様々な種類の岩石から成りますが、中でも主なものは、石灰岩や原生岩に分類されます。ここに源を持つ重要な河川が、いくつもの海へと流れていきます。そこで、アルプスをテーマに、次のように進めてみるとよいでしょう。まずは、この地帯について口頭で説明し、それから生徒たちといくつかの練習をしていきます。水の流れを芸術的に体験したり、石灰岩や花崗岩の形態の要素を感じたりしてみるのです。例えば、黒板上に青色のチョークを大きく動かして、川の流れを描きます（絵53）。流れていって陸地に当たり、蛇行する動きが生まれたり、源流が支流と合流することによって水量を増しつつ、河口に向かって一定方向を辿っていったり、などといった具合です。そうして一人ひとりの生徒があらかじめノートで事前演習をしておけば、話を聞いた地域の地図を後で作っていく際に、川の流れを知的になぞることばかりを重視しないですみます。そうすれば、水路がさらに細かくなる場合にも、川の流れと作用しあって、より生き生きしたものになるでしょう。また、組成の異なる岩石を扱う場合には、より尖っていて、割れ目のたくさん入った

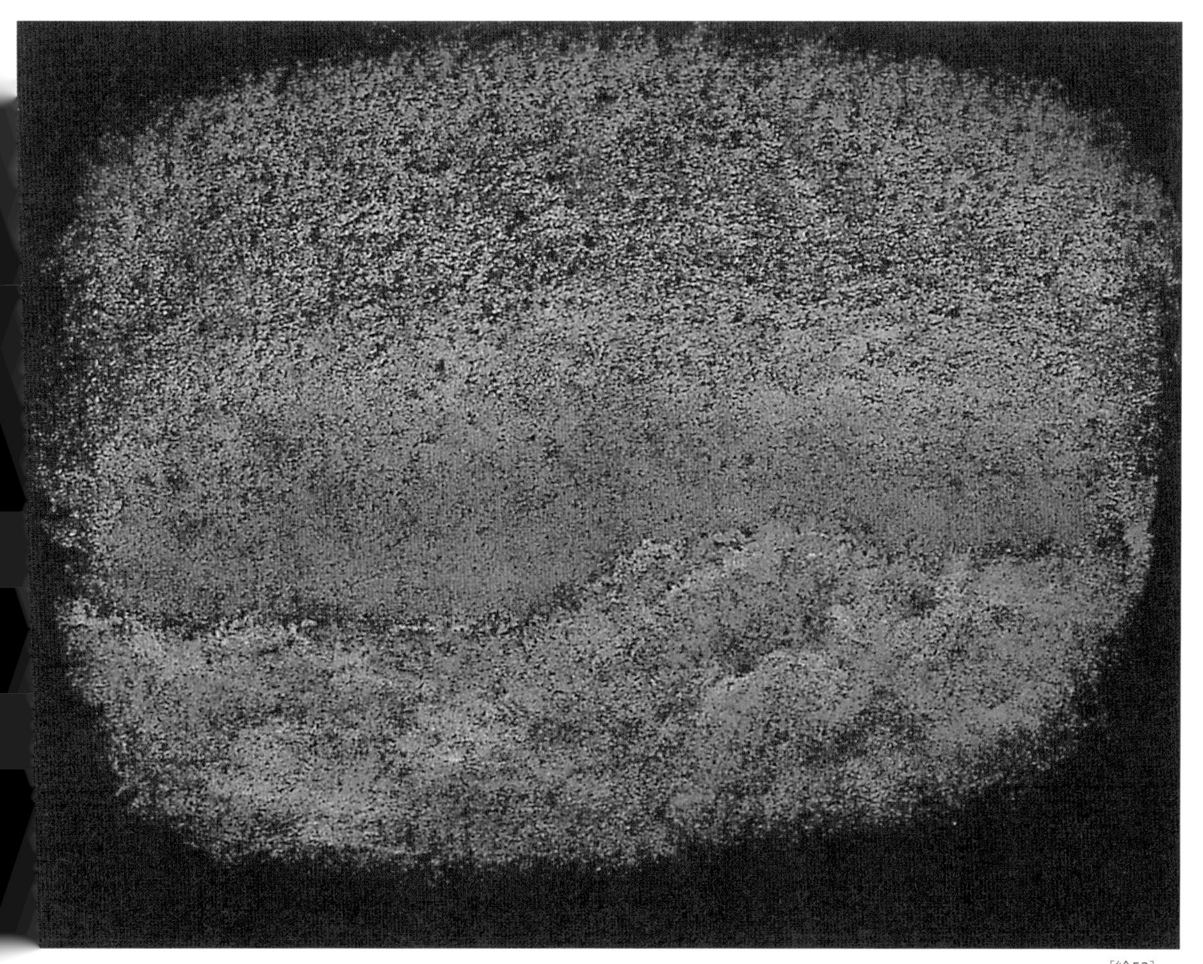

［絵52］

石灰石の岩塊と、安らぎに満ちた花崗岩の塊といったように、語り方の違う形は黒板上で対比的に示すようにします。岩塊のひとつひとつが、完結した特徴を有しているからです。

アルプス山脈に関連して、絵の練習をさらに進めていきましょう。前の学年では植物学で探求してきたものを、今度は地理学とつなげていくのです。そびえる山々を描いた縦長の地図に、区域ごとの植物分布を描き入れることによって[25]、生徒たちは、特定の海抜で生育するものと生育しないもののこと、またどのような場所に小さな集落や山村が残っているのか、などを知っていきます（絵54）。ここから、地球上のさまざまな土地の気候帯に視点を向けていくこともできるでしょう。各気候帯は、山岳地帯同様、多種多様な植物のための必要条件を生み出しています。このように、新しく一歩を踏み出すごとに、学ぶ者の視野が広がり、世界の現象への興味が呼び覚まされていくのです。

これまでアルプスの世界を中心に見てきましたが、続いて大洋にも取り組んでいきましょう。アルプスの南側に位置するアドリア海から始め、次に地中海、そして太平洋へと進みます。黒板絵を描くにあたっては、個々の国々、ヨーロッパ、そして主要大陸を身につけるという課題が、ますます重要になるでしょう（7年生と8年生で学んでいきます）。

ここでも問題となるのは、水と陸との関係を外側から観察するだけでなく、体験的なものにするためにはどうすればよいか、ということです。まず何にもとらわれずに、西ヨーロッパ沿岸部の地図を眺めてみましょう。すると、あちらこちらが湾曲しているのがわかります。海が入り込んで、大きな入江ができている場所もあれば、海の中に岬や陸地が突き出している場所もあります。個々の沿岸部を調べていけば、険しい岩崖が海からそびえ立ち、年がら年じゅう打ち寄せる波に耐えているのがわかるでしょう。さらに、水の動きを通して刻一刻と変化していく、平らな砂岸、砂丘、移動砂丘などもあります。

このような観察をしておくと、例えばフランスのような特定の沿岸国の地図に取り組むにあたって、生徒たちがしっかり心を準備しておくことができるのです（絵55）。色を用いた最初の試みとして、まずは大西洋側から沿岸部に向けて、青い色の流れを作ってみましょう。下側のビスケー湾のあたりで、陸地は最も奥へ押し戻されることになります。今度は黒板の右側から、黄色のチョークで反対方向の動きを作っていきます。ブルターニュに向かって花崗岩の壁が突き出す北西部は、この動きを海の中

[絵53]

まで進めるようにします。縁の内側の部分は黄色を橙赤系の色に濃くすると、もっとダイナミックな効果が生まれるでしょう。これは最初の自由練習ですから、まだ沿岸部を正確に造形する必要はありません。しかし、空間の比率というところで、すでに水と陸の対立という課題に足を踏み入れているといえます。2つめの製図も同じところから始めますが、今度はより細かな線で海岸線を示し、外からわかるようにしていきます。そして、黄色の下地に川を描き足し、水源地から河口に向かって流れを作って、山脈や植生を描き入れる目印にするとよいでしょう。こうしたヨーロッパの地形、気候、民族性の多様性こそが豊かな芸術分野を生み出しているのであり、それはこの学年の絵画の授業でも重要な役割を演じることになります。

さあ、ヨーロッパからスペインを越えて、アフリカ大陸へと進みましょう（絵56）。すでに学んだ歴史のエポック（大陸発見の旅）を通して、この大陸は生徒たちの意識に刻まれているはずです。ここで、もう一度その筋道を辿り直します。つまり、海側から――いわば発見して――青色のチョークで陸地に近づいていくのです。ここで陸地は、以前練習した地抜きの方法によって形作っていきます。生徒もノートに描き写すことを考慮して、描き始める前に陸地の基本的な概形を囲んでおくとよいでしょう。空間の区分けにあたって気をつけるべき点は、簡単なスケッチでも示すことができます。上部は横長の長方形に塗り、大西洋側に向かって、人間の後頭部のような形に丸く角を取ります。下の部分は、平野から長く伸びた大きな三角の形で、海面に接した沿岸部が外へ内へ軽く湾曲するような動きで、あちらこちらをうねらせます。

次は大陸を大まかに分割し、気候帯――暑い砂漠地帯、雨季と乾季が入れ替わるサバンナやステップ地帯、熱帯雨林のある赤道帯など――によって内陸部を塗り分けていきます。同じように、アフリカ大陸を取り囲む水域は、水の温かいところと冷たいところとで、海の青色に微妙な差をつけるようにします。この製図をさらに進め、河川や山地、高度の違いを、よく使われる色合いで描き入れていくことで、もっと具体的にこの大陸に親しむこともできるでしょう。

こうした描画の練習をさまざまな面から繰り返すことを通して、生徒たちは少しずつ自信を掴んでいくはずです。しかし、そもそものところで、こんな問いが生じるかもしれません。もっと単純に、地図から描き写させればよいのではないか、教室に掛け図があるはずではないか、と。ルドルフ・

［絵54］

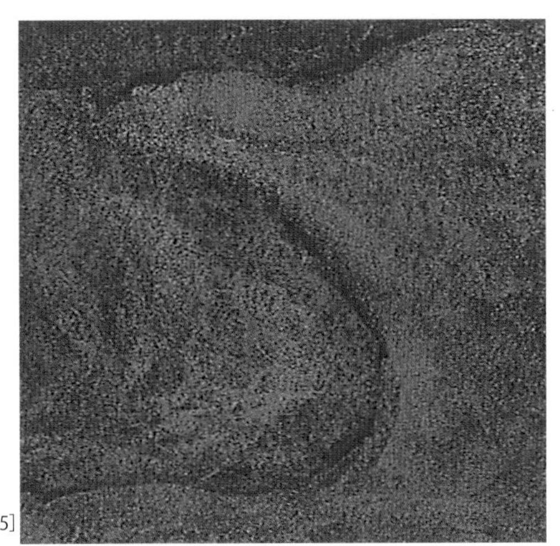

［絵55］

シュタイナーは、1919年に行われた一般向けの教育講座の中で[26]（最初のシュタイナー学校設立の直前のこと）、まさにこのテーマについて言及しています。彼は次のように述べました。12歳という成長途中の子どもにとって、描画の授業と地理学とのつながりはとてつもなく重要であり、そこからきわめて有益な作用が生じるのだ、と。

では、実践の中で、どのような体験ができるのでしょうか。どこか地理上の場所、例えばライン川流域について取り上げるとしましょう。クラスの子どもたちと地図でライン川の流れを眺め、それから今度はドナウ川を目で辿って、両者の比較をするとします。地図の解説文からも、両者の比較が興味や理解を引き出すのは明らかです。しかし、前もって、まずはライン川の流れ、続いてドナウ川の流れを黒板に描き、生徒たちにもこの演習を一緒にさせるとしたらどうでしょうか。彼らはこの異なる水の流れについて、本当に新しく目覚め、いわば驚きが止まなくなることでしょう。ここで彼らは２つの川を、頭で理解するだけではなく、描くという体験を通して身をもって知ります。手を使って描く中で、それらを追体験するのです。ここから、興味は地図帳の探求へと移っていきます。そうなれば、後から吊るす掛け図も、別の視点から観察していくことができるでしょう。

さて、地理学のテーマを締めくくるにあたり、言い添えておかなければならないことがあります。地図の制作にあたって、生徒たちがともに参加できるように、つまり、自分たち自身の手で形作れるように教師が力を尽くすなら、そのことがまさに、彼らが少しずつ空間感覚に新たな自信を掴んでいくための有効な手助けになるにちがいない、ということです。ただ地図を眺めているだけなら、そのようなことは決して起こらないのですから。

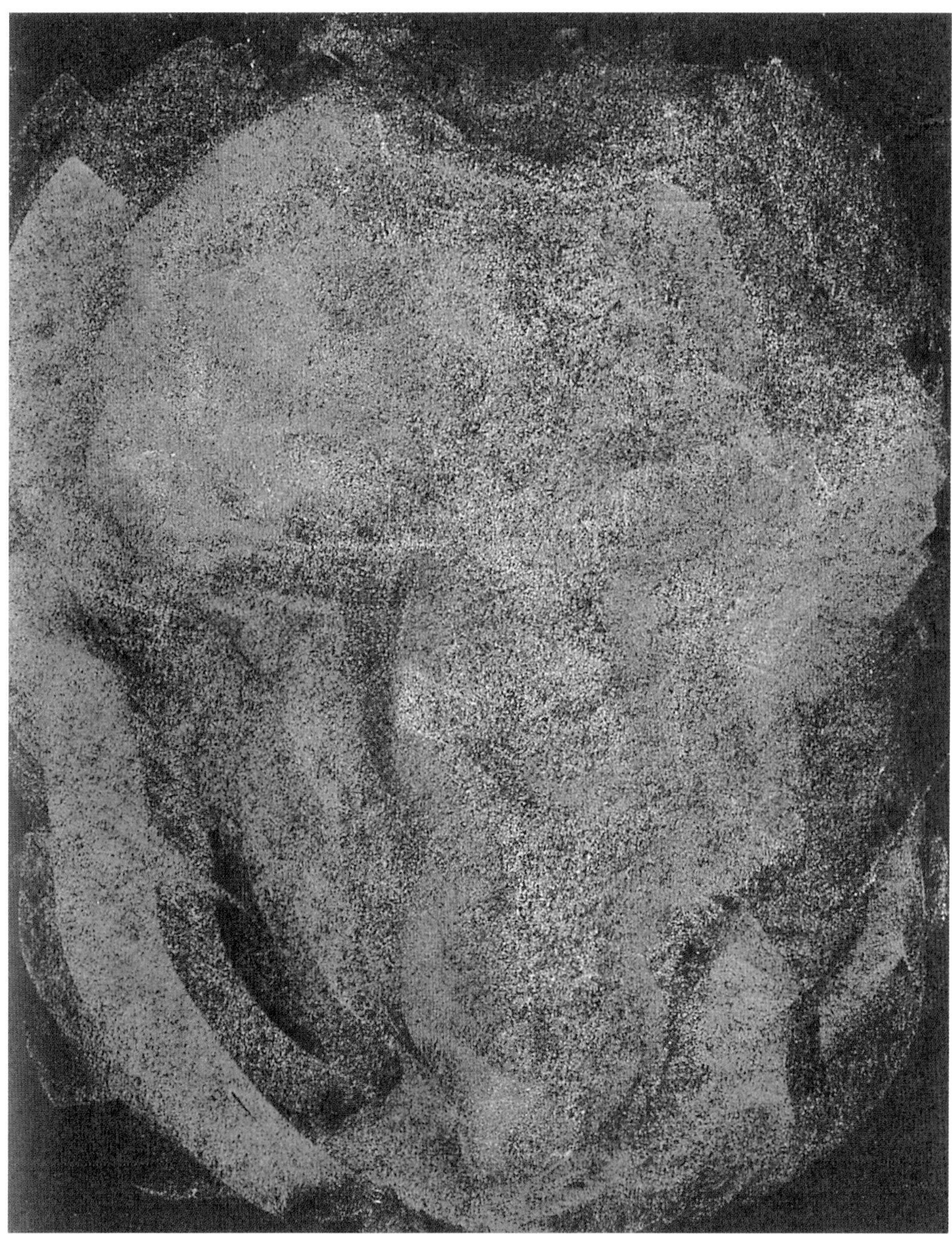

[絵56]

おわりに

玉石混淆の画像が溢れかえる現代、黒板絵は、教師の語る言葉を補完するものとして、大変大きな意味を持っています。この「補完する」というところこそが、とりわけ重要です。それは簡単な素描のようなものであってかまいません。しかし、口頭での表現とひとつに溶け合っていなければならないのです。それは一方で、第2・7年期の生徒の内にある、見倣いたいという気持ちを刺激します。そこに教師の言葉と行動とが調和しているのが体験されるからです。それは，クラス内の規律ある行動にまで影響を及ぼします。その都度の授業分野に対して教師が弛まず準備する中で、外的な情報を与えるにとどまらず、より深い体験を鼓舞することに成功したなら、人生を通じて残りつづけるものが生徒たちの身につくことも十分にありうるでしょう。そのことをよく示していると思われるのが、私自身の学校時代の出来事です。

シュトゥットガルトにできた最初のシュタイナー学校の生徒だった頃のことです。マックス・ヴォルフヒューゲル先生[27]による、自由キリスト教の講座を受ける機会がありました。ルドルフ・シュタイナーが手仕事の授業を設けるために招いたヴォルフヒューゲル先生は、宗教学部でも教鞭をとっている方でした。残念なことに、当時9歳の少女だった私にとっては、「宗教」という言葉が一体何を意味しているのか、皆目見当がつかなかったのを覚えています。ところが、低学年の授業では、こんな体験をしていました。ある先生が、旧約聖書の――後に新約聖書の――物語にいつも深く心を動かしており、それによって教室の中に特別の雰囲気が作り出されていたのです。扱っているテーマが終わって、まだ時間が残っていると、生徒はノートを出して、色鉛筆で自由に絵を描いてよいことになっていました。技術的な指示はなく、線影をつけるようなこともありませんでしたが、私たちは、体験したものを色鉛筆の絵の中に何とか呼び覚まそうとしたものでした。

その前で、私たちの宗教の先生は、黒板に向かって色のチョークを手に取り、おもむろに絵を描き始めるのです。仰ぎ見るたびに、それは深い感銘を受けたものでした。赤色がパッと燃え上がったかと思えば、今度は深い青色が光り輝いて、といった具合です。あれはきっと、耳で聞いたものが色と深く結び合う体験だったのでしょう。体に感じたものに刺激されながら、私たちは描き続けました。宗教的感情と耳で聞いたものとが色を通して溶け合って、魂の中の形成力へと変化したのです。

［絵57］Max Wolffhügel,
Die Taufe, 1931

訳者あとがき ― なぜ黒板でなければならないのか

井藤 元

黒板の歴史は古い。コメニウスが著した世界初の絵入り教科書『世界図絵』（1658年）を読めば、350年以上も前の時点で、黒板とチョークが学校での学びを象徴する教具であったことがうかがえる[1]。わが国で黒板が使用されるようになったのは1872年（明治５年）ごろ。導入からかれこれ150年が経過しており、現役で使われている教具の中でもっとも寿命が長い。

明治時代、黒板は当時の文部省によって次のように評されていた。「塗板（黒板）は学校の物のなかで欠かすことができないものである。それは農夫のために鋤が、大工のためにはカンナ、外科のためにはメスが欠かせないのと同じことである[2]」。黒板は「外科にとってのメス」に相当するほどなくてはならないものとされ、その時代は長く続いた。

だが、現代においてその状況は変わりつつある。新型コロナウィルスの影響でＩＣＴ機器の推進が図られ、オンライン授業の普及が進められる中、いまや黒板は学校教育において不可欠のものとは言い難くなっている。映像を投射するためのスクリーンとしても活用できるホワイトボードのほうが黒板よりも使い勝手が良いと考える教師は少なくないだろう。

では、黒板の役割は、スライドの画面共有やホワイトボード、電子黒板などで代替可能なのだろうか。シュタイナー教育の視点に立つならば、この問いには即座に否と答えられる。学年によって教室の色が異なるなど、学校建築をはじめとした教育の環境づくりが重んじられているシュタイナー学校において、黒板は数ある教具の中の主役といっても過言ではない。黒板なしには授業が成立せず、依然として最も重要な舞台装置なのだ。

1　J・A・コメニウス（井ノ口淳三訳）『世界図絵』、平凡社、1995年、220頁。
2　岩本努・保坂和雄・渡辺賢二編『ビジュアル版　学校の歴史　3　校舎・校庭編』、汐文社、2012年、23頁。

そうした現状は、時代の流れに逆行しているかのようにも見える。マジックペンではなく、あくまでもチョークにこだわる。その理由は、長年シュタイナー学校の教員養成に関わり、シュトゥットガルトにできた最初のシュタイナー学校（1919年創設）の生徒でもあった著者ユーネマンによって本書の随所で示されている。本書はシュタイナー学校の担任養成課程で学ぶ教師の卵に向けて著されたものであり、各教科における黒板絵の描き方や考え方が詳細に記されている。黒板をうまく活用できるかどうかが授業の命運を左右するため、黒板絵の描画法に特化したレクチャーが行われているのである。では、なぜ黒板でなければならないのか。

これは、シュタイナー学校の教員あるいは教員志望者にのみ向けられたマニアックな問いではなく、広く学校教育にかかわる者が授業のありようを問い直すうえで重要な問題であるように思われる。黒板にこだわる／捨てるという選択は、それぞれの教師の授業観を浮き彫りにさせるのではないか。そこで以上のような問いを念頭に置きつつ、シュタイナー教育において黒板がどのような位置づけにあるかをみていくことにしよう。

手始めに黒板絵をめぐる筆者の原体験を紹介したい。筆者は幼少期、短い期間ではあるが、スイスのシュタイナー学校に通っていたことがある。1年生だった筆者は、担任の描いた黒板絵の美しさにいつも圧倒されていた。黒板絵の持つ神秘性に魅了され、先生は魔法使いだと本気で信じていた。

そんなある日、筆者は黒板消し係に任命されてしまった。休み時間中に黒板絵を消しておくよう、担任から指示されたのである。だが、担任の描いた美しい黒板絵を自らの手で消すのがためらわれ、黒板消しを持ったまま動くことができず、ついに休み時間のあいだ黒板絵を消すことができなかった。「こんなにも美しい絵、もったいなくて消せるわけがない」。この体験は幼い頃の強烈な思い出として筆者のうちに刻み込まれている。シュタイナー教育について思いを巡らすとき、いつも蘇ってくる場面である。

黒板に描かれた図柄は先天的に消されることを宿命としている。この点がキャンバスに描かれた絵との決定的な違いである。

ところが、興味深いことにシュタイナー自身が講演の際に描いた黒板絵が弟子の手によって保存され、いまも残されている。その一部は、美しい図版として手に取ることができる（ワタリウム美術館監修・高橋巖訳『ルドルフ・シュタイナー　遺された黒板絵』筑摩書房、1996年、ワタリウム美術館監修・高橋巖訳『ルドルフ・シュタイナーの黒板絵』日東書院本社、2014年）。講演の際、シュタイナーが黒板上に描いた様々な文字や絵が保存され、それが図版にまとめられているのである。では、なぜ消される運命にあるはずの黒板絵が残されているのか。

シュタイナーの弟子エマ・シュトレが、どうしても師の描いた板書を保存したいと考え、黒板の上に黒い大きな紙を張り付け、その上に図柄を描くよう工夫をしたのである。こうした弟子のアイディアにより、1919年から1924年までの6年分、およそ1000枚の黒板絵が保存されることとなった。シュタイナーの死後、それらの黒板絵はドルナッハの倉庫に収められ、眠っていたのだが、1986年にドイツの2人のアーティスト、ヴァルター・ダーンとヨハネス・シュトゥットゲンにより発見され[3]、展覧会という場で公開されることとなった。シュタイナーの黒板絵は「絵と言葉が一枚のコインの両面のように密接に結びついている[4]」と、高く評価された。

シュタイナーはおそらく、自らが描いた黒板絵がのちに展覧会という場で大々的に発表されることを予想してはいなかっただろう。もともと芸術作品を制作するという意図で板書を行っていたわけではないのだから。しかしながら、現にシュタイナーの黒板絵コレクションは世界各国の展覧会で公開され、多くの観客を惹きつけている。

黒い紙の上に板書を遺すというアイディア。筆者にはそのような工夫をした弟子の気持ちがわかるような気がした。素晴らしい板書が永久に失われてしまうのを惜しむような思いは、痛いほど共感できる。

しかし、仮に形だけ保存しえたとしても、黒板絵を真の意味で保存することは不可能だ。図版や写真などで我々が目撃する黒板絵は、すでにできあがってしまったものであり、我々はそれらをいくら

3　黒板絵を再発見したのは、人智学から多大な影響を受けた芸術家ヨーゼフ・ボイスの弟子だった（近藤幸夫「ルドルフ・シュタイナー　黒板ドローイング展ー地球が月になるとき　モンドリアン、ブランクーシそしてボイスへ」、『美術手帖』、1997年、133頁）。
4　ワタリウム美術館監修（高橋巖訳）『ルドルフ・シュタイナーの黒板絵』、日東書院本社、2014年、9頁。

鑑賞しても、時間をさかのぼり、シュタイナーの講演の現場に立ち会うことはできない。完成品と向き合ったところで、黒板絵の立ち現れるプロセスそのものは決して味わえないのだ。黒板絵は講演時のシュタイナーの語り口、息遣い、身ぶりなど、その場の雰囲気・空気感と不可分のものであり、その文脈から切り離された途端、いのちを失う。

このことはシュタイナー学校の黒板絵においても同様である。教師の描いた美しい黒板絵をシュタイナーの弟子が考案した方法で保存したとしよう。確かに黒板絵の図柄を残すことは可能となるが、鑑賞者がいくら眺めてみても、保存された黒板絵は沈黙したままだろう。黒板絵とだけ向き合っても、授業の生成プロセスを味わうことはできない。なぜなら、黒板絵は授業中に教師から紡ぎ出される言葉と表裏一体の関係にあるからだ。この点はユーネマンも強調している。

「黒板絵は、教師の語る言葉を補完するものとして、大変大きな意味を持っています。この『補完する』というところこそが、とりわけ重要です」（おわりに）。

授業中、教師の語りは黒板絵の多彩で豊かなイメージによって補完され、子どもたちの元に届けられる。教師の語りが黒板絵によって補われ、完全なものとなる。その補完作用にこそ黒板絵の存在意義があるといえる。

そもそも、第2・7年期（7歳～14歳）の子どもたちにとって、教師から発せられる言葉（語り）は極めて重要だ。「第2・7年期の子どもの興味は、今や仕草ではなく、学校の教師が仕事の中で使いこなしているあの道具――そう、言葉に向けられます。言葉は具象的イメージの性格を持っており、それゆえルドルフ・シュタイナーは、まさしくこれを『最も優れた具象性』と呼びました」（第１章）。

だが、教師から発せられた言葉は、それが具体的なイメージ（黒板絵による補完作用）を伴わなければ、抽象的なまま一人歩きしてしまう危険性がある。シュタイナーは授業にはファンタジーが必要だと繰り返し述べているが、生きたイメージを失った授業は、死せる概念を操作するだけのものとなってしまう。

そうした事態を避けるための装置として、黒板絵は機能している。通常の学校教育において、黒板はしばしば教師が語った言葉のメモ書き、あるいは抽象的な言葉が抽象的なまま並べられた記録ボードとして使用される。だが、シュタイナー学校の場合、黒板は単なる記録のための道具ではなく、教師の語りにいのちを吹き込む一番の立役者なのである。そして、ユーネマンが提示する黒板特有の色使いにより、ホワイトボードでは決して描き出すことのできない独特の雰囲気が生み出される。

また、黒板が黒地であるという事実にも目を向けるべきである。シュタイナーにとって黒は他ならぬ「自由」を意味した。そのことは、彼の遺したノートのうちに書きとめられている。

「自由＝黒[5]」。

彼のメモは、白地にではなく、黒地のうえに多彩な色を描いてゆくことの重要性を示唆しているが、この点について『ルドルフ・シュタイナー全集』の監修者をつとめたヴァルター・クグラーは次のように述べている。「黒は関連性をもたないが、関連づけのためのすべての可能性を内に含む唯一のものでもある。多分これが黒の中に潜む力だったのだ[6]」。

こうして黒地のうえに描き出された多種多様な色彩と出会う中で、子どもたちは自然の魂に出会うことになる。クグラーは続けて述べる。「黒板絵では、宇宙エネルギーと深い関係にある色彩の要素がここに加わる。色彩は、「自然の、全宇宙の魂である。私たちは色彩を共に体験することで、この魂に関与する（『色彩の本質』）[7]」。

さて、教師の発する生きた言葉と不可分の関係にあるのだから、黒板絵はその都度の授業の中でのみ、威力を発揮することになる。この「一回性」「再現不可能性」こそ、シュタイナー教育の肝である。何らかの理由で授業を休んでしまった場合、通常の学校教育においては、家で自学自習するなどして学習内容を補うことはできる。だが、シュタイナー教育において、そうした穴埋めは基本的に不可能だ。

5　ワタリウム美術館監修（高橋巖訳・解説）『ルドルフ・シュタイナーの100冊のノート』、筑摩書房、2002年、143頁。
6　同上、9頁。
7　同上、11頁。

黒板絵を写真撮影し、後日ノートに描き写したとしても、それは授業の亡骸を模写しているに過ぎない（この意味において、本書に収められている数々の黒板絵をただ眺めているだけでは、残念ながら不十分といえる。本体である教師の語りと一体的に味わうなかではじめて、黒板絵は真に輝き出す）。

本書の第５章で言及されているとおり、「この年齢段階はまさしく目と耳そのものであるような時期であり、大人の動きや振る舞い全てに気づくので、そこで行われている動きがどのようなものか、黒板の上のスポンジがどのように行ったり来たりしているかということは、決して取るに足らないものではない」。教師の語り、動きや振る舞い、そして黒板絵が授業のなかで融合し、子どもたちに生き生きと作用しているのである。授業は、教師と生徒が共につくりあげる一回限りの営みであり、その現場に立ち会うことなく、学びの内容をパッケージ化して学習することはできないのだ。

黒板絵によって補完された教師の語りは、カラフルなイメージを伴って子どもたちのからだを通過し、エポックノートのうちに時間をかけて写し取られる。ノートに描かれた絵や文字は、生きたまま保存された学びの痕跡である。ゆえに、あとから振り返ってエポックノートを開いたとき、学習者はそこに保存された学びの体験をブロッククレヨンの匂いや手触り、フォルムを描く際の身体の動きなどとともに呼び起こすことになる。シュタイナー教育における学びは、そうした体感を含み込みながら子どもたちのうちに刻印される。

以上のような意味において、シュタイナー学校では黒板が教育空間の中心に位置付けられることになる。それだけ重要な意味を持った黒板絵を描くには、相当の鍛錬が求められるわけだが、本書には黒板絵のスキルを向上させるための実用的なテクニックが数多く記されている。

なかでも、ユーネマンが第２章で記していることは注目に値する。「黒板上の表現がいわば窓となって、それを通して子どもの魂が活性化し、外の草むらに生えたタンポポをより正確に眺めることができるようになる」。黒板絵を描き写す際、子どもたちには徹底的な観察が求められ、ただ漠然とタンポポを眺めるのではなく、注視が必要となる。教師によって描き出された黒板上の表現を窓にして、自然や世界との向き合い方そのものを学ぶことが課題となる。正確に情報を残すという意味では、板書をスマホやタブレットなどで撮影するだけで十分なのかもしれない。だが、シュタイナー学校の場合、それでは全く意味がない。単に黒板からノートに情報をコピーしているわけではないからだ。暗記対象としての固着した知識をノートに転写するのではなく、そこで描きだそうとしているのは、自然や世界の捉え方そのものである。黒板絵という名の窓をつうじて、子どもたちは世界に対する教師のものの見方・向き合い方そのものを盗む。黒板絵には教師からみた世界の姿が写し出されており、教師の視点を経由することで、世界ははじめて躍動しはじめる。子どもたちには世界との出会い方が教授され、漫然と世界と向き合っているだけでは見えてこない世界の秘密が開示されるのである。

以上のような黒板に対する考え方は、ICT 化が推進される現代日本の趨勢に対して、重要な問いを投げかけているように思われる。教師の語りの補完作用は、事前に用意されたパワーポイントのスライドで置き換え可能なのか。子どもたちとの、いま・ここでの対話の中で生み出される黒板の作用を、デジタル機器は担保することができるのだろうか。シュタイナー学校の黒板絵はこうした問題を我々に突きつけている。

最後になったが、本書の刊行にあたってはイザラ書房の村上京子さんに大きなお力添えをいただいた。村上さんには本書の刊行意義をお認めいただき、『シュタイナー学校の道徳教育』につづき、制作過程できめ細かなご対応をいただいた。この場を借りて心より感謝を申し述べたい。

※本書は、研究代表者：井藤元「シュタイナー学校における教員養成プログラムを支える理論とその実態の解明」（科学研究費補助金、基盤研究（C））の研究成果の一部である。

引用注

1 R. Steiner, *Die Erziehung des Kindes vom Gesichtspunkt der Geisteswissenschaft*(1907), Dornach 1992を参照。

2 E. M. Kranich, Die Entwicklung des Formensinns in der Erziehung, in: *Formenzeichnen*, Stuttgart 1992 （E=M・クラーニッヒ『フォルメン線描―シュタイナー学校での実践と背景』森章吾訳、筑摩書房、1994年）を参照。

3 R. Steiner, *Der pädagogische Wert der Menschenerkenntnis und der Kulturwert der Pädagogik* （1924年7月19日の講演）, GA310, Dornach 1989.

4 Rosa Mäder, Bildhaftigkeit als helfende Kraft, in *Menschenschule*, 33, Jg., 1959, Heft1/2(Jan./ Febr.), SS. 70-74.

5 Brüder Grimm, Marienkind, in: *Kinder- und Hausmärchen*, Jubiläumsausgabe, Bd. 1, Stuttgart 1982, S. 3.

6 J. W. v. Goethe, Entwurf einer Farbenlehre, Erste Abteilung, Abschnitt 18., in: J. W. v. Goethe, *Farbenlehre* Band1, mit Einleitungen und Kommentaren von R. Steiner, herausgegeben von G. Ott und H. O. Proskauer, Stuttgart 1992.

7 J. W. v. Goethe, Entwurf einer Farbenlehre, Zweite Abteilung, Abschnitte 145-177, a.a.O.

8 R. Steiner, *Das Wesen der Farben*（1921年5月6日の講演）, GA291, Dornach 1980 （R・シュタイナー『色彩の本質・色彩の秘密』西川隆範訳、イザラ書房、2005年）.

9 R. Steiner, *Erziehungsfragen im Reifealter. Zur künstlerischen Gestaltung des Unterrichts* （1992年6月22日の講演）, GA302a, Dornach 1972.

10 R. Steiner, *Die pädagogische Praxis vom Gesichtspunkte geisteswissenschaftlicher Menschenerkenntnis* （1923年4月20日の講演）, GA306, Dornach 1982, Zeichnung S. 127.
また、講演に対する黒板絵、Bd. XXI, Tafel10, S. 58も参照のこと。

11 R. Steiner, *Erziehungsfragen im Reifalter. Zur künstlerischen Gestaltung des Unterrichts*, a.a.O.

12 R. Steiner, *Erziehungskunst. Methodisch-Didaktisches*（1919年8月26日の講演）, GA294, Dornach 1990 （R・シュタイナー『ルドルフ・シュタイナー教育講座 II /教育芸術1 方法論と教授法』高橋巖訳、筑摩書房、1989年）.

13 R. Steiner, Der pädagogische Wert der Menschenerkenntnis und der Kulturwert der Pädagogik （1924年7月19日の講演）, a.a.O, Zeichnung S. 58.

14 R. Steiner, Die Erneuerung der pädagogisch-didaktischen Kunst durch Geisteswissenschaft （1920年5月5日の講演）, GA301, Dornach 1991.

15 R. Steiner, *Die Methodik des Lehrens und die Lebensbedingungen des Erziehens.* 2.（1924年4月9日の講演）, GA308, Dornach 1986.

16 R. Steiner, *Eurythmie als sichtbare Sprache*（1924年7月２日の講演）, GA279, Dornach 1990.

17 R. Steiner, *Erziehungskunst. Methodisch-Didaktisches*（1919年8月26日の講演）, a.a.O.

18 R. Steiner, Pädagogischer Kurs für Schweizer Lehrer（1923年4月19日の講演）, in: Hedwig Haug, *Kunst und Handarbeit*, Stuttgart 1993, S. 309.

19 M. Jünemann und F. Weitmann, *Der künstlerische Unterricht*, Stuttgart 1993, S. 63（M・ユーネマン、F・ヴァイトマン『シュタイナー学校の芸術教育 ―6歳から18歳までの美術の授業を中心に』鈴木一博訳、晩成書房、1988年）.

20 R. Steiner, *Gegenwärtiges Geistesleben und Erziehung*（1923年8月13日の講演）, GA307, Dornach 1973.

21 R. Steiner, *Pädagogischer Kurs für Schweizer Lehrer,* a.a.O., S. 158.

22 E. M. Kranich, *Pflanzen als Bilder der Seelenwelt*, Stuttgart 1993, SS. 23, 71, 135.

23 R. Steiner, *Erziehungskunst. Methodisch-Didaktisches*（1919年8月23日の講演）, a.a.O.

24 R. Steiner, *Erziehungskunst. Methodisch-Didaktisches*（1919年9月2日の講演）, a.a.O.

25 R. Steiner, *Erziehungskunst. Methodisch-Didaktisches*（1919年9月2日の講演）, a.a.O.

26 R. Steiner, *Drei volkspädagogische Vorträge*（1919年5月11日の講演）, GA192, Dornach 1991.

27 *Der Lehrerkreis um Rudolf Steiner*, Stuttgart, 2. Aufl. 1979, SS. 201f.を参照。

《黒板用チョーク販売代理店》

株式会社おもちゃ箱

〒145-0076 東京都大田区田園調布南 26-12
Tel：0120-070-868
e-mail：toiawase-qa@omochabako.co.jp　HP：https://www.omochabako.co.jp

ペロル

〒814-0031 福岡市早良区南庄６丁目 21-25-1F-A
Tel：092-844-8164　Fax：092-844-8174
e-mail：shop@perol.jp　HP：https://www.perol.jp

著者・訳者紹介

マルグリット・ユーネマン　Margrit Jünemann

1920年生。1947年から1980年までシュトゥットガルトとウルムのシュタイナー学校で教え、1973年からシュトゥットガルトのヴァルドルフ教育セミナーで講師をつとめた。著書に『シュタイナー学校の芸術教育－６歳から18歳までの美術の授業を中心に』（鈴木一博訳、晩成書房、1988年）、『フォルメン線描－シュタイナー学校での実践と背景』（森章吾訳、筑摩書房、1994年）などがある。

井藤元（いとう・げん）

1980年生。京都大学大学院教育学研究科博士課程修了。博士（教育学）。現在、東京理科大学教育支援機構教職教育センター准教授。『シュタイナー「自由」への遍歴』（京都大学学術出版会、2012年）、『マンガでやさしくわかるシュタイナー教育』（日本能率協会マネジメントセンター、2019年）、『シュタイナー学校の道徳教育』（イザラ書房、2021年）、『笑育』（監修、毎日新聞出版、2018年）、『記者トレ』（監修、日本能率協会マネジメントセンター、2020年）、『ワークで学ぶ教育学　増補改訂版』（編著、ナカニシヤ出版、2020年）、『ワークで学ぶ道徳教育　増補改訂版』（編著、ナカニシヤ出版、2020年）、N・ノディングズ『人生の意味を問う教室』（共訳、春風社、2020年）他。

小木曽由佳(おぎそ・ゆか)

1983年生。京都大学大学院教育学研究科博士課程修了。博士(教育学)。公認心理師、臨床心理士。現在、同志社大学ウェルビーイング研究センター研究員。『ユングとジェイムズ』(創元社、2014年)、*Jungian Perspectives on Indeterminate States: Betwixt and Between Borders* (Co-authored, Routledge, 2020)、訳書にE・パティス・ゾーヤ『危機介入の箱庭療法』(創元社、2018年)、J・ハリファックス『死にゆく人と共にあること』(共訳、春秋社、2015年)、C・G・ユング『分析心理学セミナー1925』(共訳、創元社、2019年)、N・ノディングズ『人生の意味を問う教室』(共訳、春風社、2020年)、W・ギーゲリッヒ『ユングの神経症概念』(共訳、創元社、2021年)他。

黒板絵　Tafelzeichnen

— シュタイナー・メソッド —

発行日　2022 年 3 月 31 日　初版発行

著　者　マルグリット・ユーネマン
Margrit Jünemann

訳　者　井藤元 / 小木曽由佳

装　丁　赤羽なつみ

発行者　村上京子

発行所　株式会社イザラ書房
〒 369-0305　埼玉県児玉郡上里町神保原町 569 番地
Tel : 0495-33-9216　Fax : 047-751-9226
e-mail : mail@izara.co.jp　HP : https://izara.co.jp

印刷所　株式会社シナノパブリッシングプレス

Printed in Japan 2022 © Izara Shobo
ISBN：978-4-7565-0153-0　C0037

●本書の無断転載・複製を禁じます。落丁乱丁はお取り替えいたします。

イザラ書房 IZARA

図書案内

Anthroposophy Books & Products

New 新しい書籍

新しい書籍
クラフトワールド
芸術
人智学・アントロポゾフィー
関連商品・その他

黒板絵
シュタイナー・メソッド　2022

マルグリット・ユーネマン著／井藤 元・小木曽由佳 訳
美しい絵画作品のようなシュタイナー学校の黒板絵。長年シュタイナー学校の教員養成に携わった著者が、黒板絵の描き方・考え方について丁寧に解説します。

◉定価2,800円＋税／A5判変形104ｐ上製／ISBN978-4-7565-0153-0

デジタル時代の子育て
年齢に応じたスマホ・パソコンとのつきあい方　2021

ミヒャエラ・グレックラー・村田光範 監／内村真澄 訳
デジタルメディアの世界で子供が健康に育つには何が必要で大人はどう行動すべきか。保護者、教育者そしてすべての人へのガイドブックです。

◉定価1,900円＋税／A5判168p並製／ISBN978-4-7565-0152-3

キンダーハープを弾こう
子どもに関わるすべてのかたへ　2021

M.ライアー・G.バイルハルツ著／伊藤壽浩 訳・吉良 創 監
シュタイナー教育で子共達と歌ったりする時に使うキンダーハープの弾き方、音合わせや弦の張り方、参考図書などをわかりやすく紹介します。

◉定価2,500円＋税／A4変形64ｐ並製／ISBN978-4-7565-0151-6

オイリュトミー療法の基本要素
2022刊行予定

Now
Printing

M. ボックホルト著／石川公子 訳／小林國力 監
シュタイナーによって創始されたこの療法の基本要素である一つひとつのアルファベットの意味や、具体的な症例が述べられているオイリュトミー療法の深い理解のための書。

◉予価2,800円＋税／ISBN978-4-7565-0154-

創造的な高齢者介護
シュタイナーの人間観に基づく介護の現場から
2022

A・カンプス他 著／神田純子 訳／大村祐子 監

長年の実践を通して理想の介護を模索してきた介護者によって書かれた実践の書。高齢期を過ごしている方、高齢期を迎える方、介護している方、すべての方の力になる本です。

◉定価2,300円＋税／A5判256p並製／ISBN978-4-7565-0147-9

シュタイナー学校の道徳教育
2021

井藤 元 著

シュタイナーの道徳教育論を読み解くとともに、具体的実践を紹介し、シュタイナー学校における道徳教育の内実を解き明かします。エポックノートや手仕事の作品も口絵に掲載。

◉定価2,500円+税／四六判264ｐ上製／ISBN978-4-7565-0150-9

北欧の森のようちえん~自然が子どもを育む
デンマーク・シュタイナー幼稚園の実践
2020 2刷

R・ローセングレーン著／ヴィンスルー美智子・村上進 訳

なぜ自然が子どもの発達のために健康的で刺激的な学習環境だと言えるのか、デンマークでの実践の報告からその理由に迫ります。自然と子どもたちの魅力的な写真も多数掲載。

◉定価2,700円＋税／A5判変形184ｐ並製／ISBN978-4-7565-0145-5

植物と語る 公然の秘密の扉
ゲーテとシュタイナーに学ぶ観察法
2020 2刷

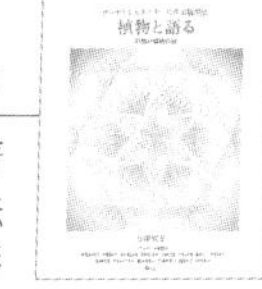

吉澤 明子 著

シュタイナー思想に基づく絵画・芸術療法の第一人者が伝える20年間の実績の書。絵画の協働性の追求としての水彩画による連作も掲載しています。

◉定価3,000円＋税／A5判変形120p上製／ISBN978-4-7565-0144-8

Education シュタイナー教育

シュタイナー教育 [新訂版]

2015　新訂1刷

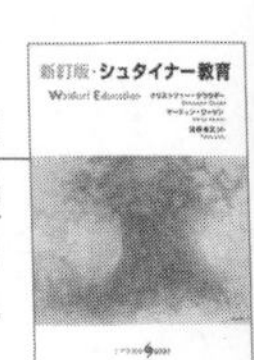

C.クラウダー・M.ローソン 著／遠藤孝夫 訳

シュタイナー教育の全体像を極めて簡潔に、しかも分かりやすく説明しておりシュタイナー入門書としては最適な書。後半ではこの教育の現代的な意味が明らかになります。

◉定価2,300円＋税／A5判192p並製／ISBN978-4-7565-0128-8

霊学の観点からの子どもの教育 【完全版】

1999　5刷

シュタイナー 著・講演／松浦賢 訳

シュタイナー教育思想の核心。シュタイナー教育について初めて学ぼうとする人にも、シュタイナーの思想にかなりなじんだ人にとっても、最も重要な基本文献です。

◉定価2,300円＋税／四六判200p上製／ISBN978-4-7565-0084-

子どもの体と心の成長

1992　9刷

カロリーネ・フォン・ハイデブラント著／西川隆範 訳

著者は最も卓越した教師と呼ばれた創成期シュタイナー教育運動の代表者。子どもの気質および生活全般についての本質的な示唆が素晴らしいシュタイナー教育第一の古典の書。

◉定価2,330円＋税／四六判208p上製／ISBN978-4-7565-0050-

ちいさな子のいる場所 [改訂版]

妊娠・出産・私の家のシュタイナー教育

2006

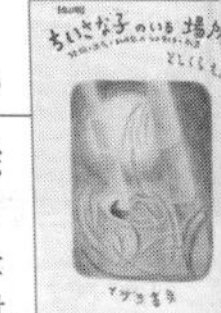

としくら えみ 著・絵

妊娠から出産そして赤ちゃんとの生活について、シュタイナー幼児教育者自身の体験による家庭でできるさまざまな工夫が盛り沢山。春夏秋冬の季節のテーブルイラスト4点付。

◉定価2,000円＋税／A5判168p並製／ISBN 978-4-7565-010

社会問題としての教育問題

自由と平等の矛盾を友愛で解く社会・教育論

2017　2刷

シュタイナー著／今井重孝訳

人類の目指す健全な社会とは！21世紀社会が進むべき方向、そしてシュタイナーの人間論と教育論、社会論の相互関係がわかる貴重な一冊。分かり易く貴重な訳者解説が充実しています。

◉定価2,500円+税／四六判232ｐ上製／ISBN978-4-7565-0134-9

おやすみの後に

シュタイナーと出会って生まれた絵本

2017 2刷

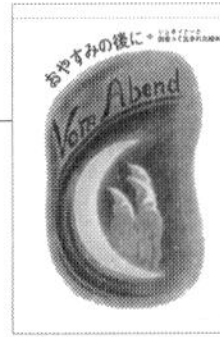

マルタ・Ｓお話／ヒルデ・ランゲン絵／伊藤壽浩 訳

「ねむっているわたしは どこに いるの？」眠りの秘密、生きる力の源泉、その真実の姿を光に満ちたやさしいタッチで描き出したシュタイナー的子育てにぴったりな絵本です。

◉定価3,500円＋税／A5判20ｐ特殊折／ISBN978-4-7565-0133-2

子ども・絵・色

シュタイナー絵画教育の中から

1997　8刷

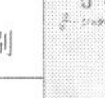

としくら えみ 著・絵

実際の子ども達の絵をふんだんに使い、幼児絵画論と技法を紹介。やさしい絵とあたたかい言葉は、子どもの「生きる力」をはぐくむ大きな助けとなるはずです。

◉定価2,100円＋税／A5判172p並製／ISBN 978-4-7565-0072-4

初心者のためのライア教則本

ライアへの道［改訂版］

2020　改訂1刷

ゲルハルト・バイルハルツ著／井手芳弘 編訳

映画「千と千尋の神隠し」で、一躍その存在が知れ渡った楽器。音楽療法や演奏用の楽器として使われてきた「ライア」の弾き方や意識の持ち方などを独学で学べる教則本です。

◉定価2,500円＋税／A4変形64ｐ並製／ISBN 978-4-7565-0149-3

シュタイナー教育
クラフトワールド
芸術・療法
人智学・アントロポゾフィー
関連商品・その他

Art 芸術・療法

カラーストーリーえほんシリーズ 1
ひかりの木
2006

ダニエル・モロー 絵／宮川より子 文／青い林檎社 編

赤黄青の色の精。クリスマスも近い日に、心をあわせてお祈りすると、生まれたのは小さなもみの木。クリスマスの喜ばしい雰囲気に満ちあふれた絵本です。

◉定価1,280円+税／A5判22p上製／ISBN978-4-7565-0103-5

カラーストーリーえほんシリーズ 2
みどりのダンス
2008

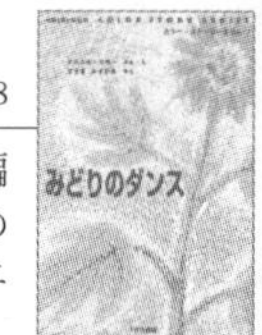

ダニエル・モロー絵・文／鈴木一博 訳／青い林檎社 編

シュタイナー教育者からの贈り物。「みつろうクレヨン」の絵本。ほら、見えないかたちが見えてくる！色彩画家ダニエル・モローが3つの色からつむぎ出す世界。

◉定価1,500円+税／A5判23p上製／ISBN978-4-7565-0112-7

毎日の大切なこと
日々の暮らしが子どもを育む
2005

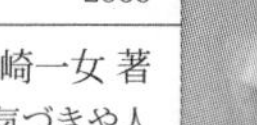

岩崎一女 著

シュタイナー浦和保育園園長の著者が、日々の気づきや人間の成長のためのシンプルで大切な提案を、園での黒板絵や写真、創作童話とともに綴った心に染みいるエッセイ集。

◉定価1,400円＋税／四六判64p上製／ISBN978-4-7565-0098-4

美の朝焼けを通って
シュタイナーの芸術観
2019

今井 重孝／はたりえこ 著

芸術の力で世界が変わる…青山学院大学名誉教授と日本を代表するオイリュトミストの2人が交わした対談と往復書簡集。美しい表紙画、装丁は谷口広樹画伯の手によるものです。

◉定価2,000円＋税／A5判128p並製／ISBN978-4-7565-0141-7

シュタイナー・音楽療法

2014　2刷

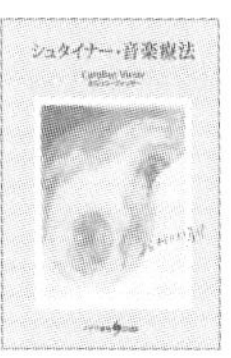

カロリン・フィッサー著／楠　カトリン訳／竹田喜代子 監修

人智学を基盤とした音楽療法の書です。この療法では、響きの持つ調和させる力で人間の最も中心にある自我を強め、自己治癒力を養うことを手助けします。巻末譜例集付です。

◉定価4,000円+税／A5判256p上製／ISBN978-4-7565-0126-4

シュタイナー・
リズミカル アインライブング
イタ・ヴェーグマン・クリニックのハンドブックより　　2016

モニカ・フィンガドー著／伊藤良子・壽浩 訳

人智学を基盤としたオイルマッサージの書です。宇宙と響き合う体内リズムや新陳代謝に働きかけることを基本とし、心身を守る覆いをつくり調和を整える技法を紹介します。

◉定価2,600円+税／A5判158p上製／ISBN978-4-7565-0131-8

光が形態を創造する
新しい色彩体験のために　　2005

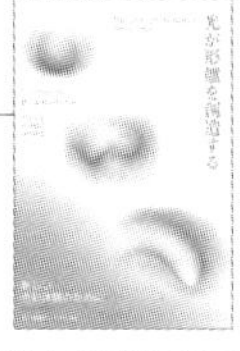

ダニエル・モロー著／阿部ちよ・宮川順子・西川隆範　訳

光の行為と知覚可能なあらゆる形態の本質が示され、芸術家、教育者、精神探求者はもとより、広く一般の読者にとっても色彩と形態の意味を理解する手助けになる本です。

◉定価2,700円＋税／A5判144p並製／ISBN978-4-7565-0097-7

友杉茉莉子画集 あなたは光の道しるべ

2014

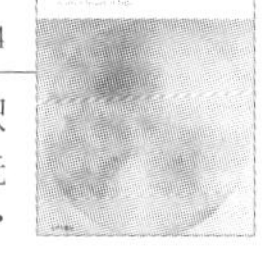

友杉茉莉子 著／秦理絵子 詩歌／大日野尚子 訳

宇宙と自然との対話から生まれた作品は、見る者を深い次元へと誘います。画家へのインタビュー、オイリュトミスト・秦理絵子の詩歌エッセイも収録しています。日英併記。

◉定価2,800円＋税／B5判変形128p上製／ISBN978-4-7565-0125-7

Art 芸術・療法

瞑想と祈りの言葉［新版］

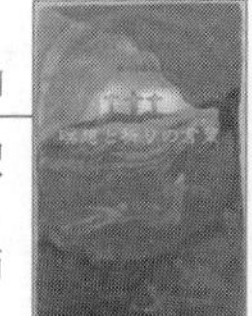

2013　新版2刷

シュタイナー 著／西川隆範 編訳

夜の神聖さを宇宙と一体になって感じ、毎朝新しくされる太陽を地球と共に喜ぶためのマントラ・真言集。巻末に「西川さんへ」追悼文集付、西川隆範トリビュートの新版です。

◉定価2,800円+税／四六版272ｐ上製／ISBN978-4-7565-0124-0

魂のこよみ［新訳］

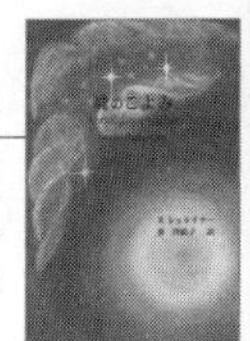

2003　2刷

シュタイナー 著／秦理絵子 訳

復活祭から始まる52週の週替りマントラ・カレンダー。時の神霊に意識を向け、宇宙に祈りを捧げることで、巡る季節のダイナミズムを心の糧とするための聖句集です。

◉定価1,600円＋税／新書判124p並製／ISBN 978-4-7565-0094-6

音楽の本質と人間の音体験

1993　9刷

シュタイナー著／西川隆範 訳

独特の未来的「音＆音楽論」。色彩はアストラル体に語りかけ、音の世界は人間の最奥部の魂に語りかけます。地上の音楽は神界の響きの影といえましょう。

◉定価2,330円＋税／四六判176p上製／ISBN978-4-7565-0051-9

色彩の本質◎色彩の秘密【全訳】

2005　7刷

シュタイナー著／西川隆範 訳

読み物としても面白いシュタイナーの色彩論。色彩の本質を知ることは魂を大きな生命力で満たすこと。人智学の観点からのシュタイナー宇宙的色彩論の決定版です。

◉定価2,500円＋税／A5判224p並製／ISBN978-4-7565-0096-0

Anthroposophy
人智学・アントロポゾフィー

『歎異抄』が問いかけるもの

2011

塚田 幸三 著

歎異抄の魅力に新たな光を！ 親鸞とシュタイナーに共通する思想を比較検討し、西洋人シュタイナーの説明に耳を傾けることで『歎異抄』の現代性、重要性を読み解きます。

◉定価2,400円＋税／四六判296ｐ上製／ISBN978-4-7565-0115-8

ルカ福音書講義
仏陀とキリスト教

1991　3刷

シュタイナー著／西川隆範 訳

シュタイナーの仏陀論の最重要文献。仏教とイエス・キリスト、キリスト教の深い関係を、外面的な学問研究の手段ではなく、人智学的探究によって明らかにしました。

◉定価2,500円＋税／四六判256p上製／ISBN 978-4-7565-0041-0

泉の不思議
四つのメルヘン

1993

シュタイナー 著／西川隆範 訳・解説／としくらえみ 挿絵

シュタイナーの創作になる神秘劇中のエピソード。 ここで紹介されている神秘劇は、シュタイナー神秘学と芸術、とりわけオイリュトミーが結びついた総合舞台芸術です。

◉定価2,427円＋税／四六判138p上製／ISBN978-4-7565-0053-3

色彩のファンタジー
シュタイナーの芸術論に基づく絵画の実践と作画法

1998

ゲラルト・ヴァーグナー&エリーザベト・コッホ 著／松浦賢 訳

欧米のシュタイナー病院での治療やシュタイナー教育の現場で実際に行われている絵画の練習を再現しました。科学では捉え切れない色の力を体験できる一冊です。

◉定価5,800円＋税／A4横判180p並製／ISBN978-4-7565-0073-1

Anthroposophy
人智学・アントロポゾフィー

自由の哲学

2017

シュタイナー著／森章吾 訳

新たな自由への道を示した新訳！「千年後も残る代表作」と著者が語り、物質主義的世界観を克服すべく人間が自らの核の活動を自覚することで自由の可能性を獲得する手引。

◉定価3,000円+税／四六判288 p 上製／ISBN978-4-7565-0135-6

ゲーテ的世界観の認識論要綱

特にシラーに関連させて同時にキュルシュナードイツ国民文学中のゲーテ自然科学論集別巻として

2016

シュタイナー著／森章吾 訳

訳者３０年間の取り組みからの新訳！シュタイナーが人類の未来を憂い、ゲーテとの出会いから生まれた21世紀人類が必要とする認識論。解説図版も多く理解を深める一助に。

◉定価2,500円+税／四六判240 p 上製／ISBN978-4-7565-0132-5

秘されたる人体生理

シュタイナー医学の原点

2013　2刷

シュタイナー著／森章吾 訳

シュタイナーのアントロポゾフィー身体論。 精神科学的観点から人体を観察した成果をシュタイナー自身、初めて系統的に語っているシュタイナー医学の基本指針でもある本です。

◉定価3,000円+税／四六判224p上製／ISBN978-4-7565-0121-9

第五福音書

1986　5刷

シュタイナー著／西川隆範 訳

未来において書かれるであろう5つめの福音書への考察。復活後の宇宙的キリスト存在の活動と人類の抱えるキリスト衝動から見えてくる新たなる宇宙神霊の愛と真実を伝えます。

◉定価2,000円＋税／A5判130p上製／ISBN 978-4-7565-0022-

“シュタイナー”『自由の哲学』入門

2012　3刷

今井重孝 著

シュタイナー思想を理解するための必読書であり、人間が生きる指針として重要な『自由の哲学』。同書を初めて解説し、関連書籍も多数紹介。素朴な疑問に答える質疑応答も掲載。

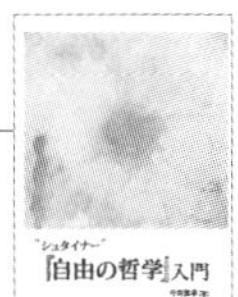

◉定価2,000円＋税／四六判128ｐ並製／ISBN978-4-7565-0119-6

ベーシック・シュタイナー

人智学エッセンス

2007　3刷

シュタイナー著作&講演抄録／西川隆範 編訳・解説／渋沢比呂呼 撰述

魂の不思議さ、人間であることの素晴らしさを感じ、スピリチュアルな世界を求める人のための入門書であり、経験者の知識整理のためにも便利なハンドブックです。

◉定価2,300円＋税／四六判208p上製／ISBN 978-4-7565-0106-6

聖杯の探求

キリストと神霊世界

2006

シュタイナー著／西川隆範 訳・解説

「聖杯学」それは魂の浄化を必要とする人智学の次のステップです。本書は人智学の道が超感覚的世界の認識だけではなく聖杯探求の道であることを示しています。

◉定価2,500円＋税／四六判240p上製／ISBN 978-4-7565-0100-4

シュタイナー〈からだの不思議〉を語る

2010　2刷

シュタイナー著／西川隆範 編訳・中谷三恵子 監修・有川利喜子 協力

ここに展開される一見摩訶不思議な身体観はアントロポゾフィー医学者のみならずさまざまな立場の治療者に共有されつつあり、未来へ向けての治療方法を示唆するものです。

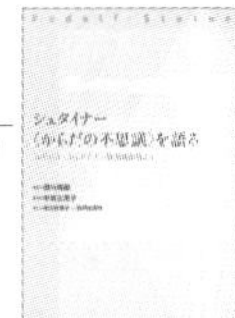

◉定価2,400円＋税／四六判208p上製／ISBN 978-4-7565-0114-1

Anthroposophy
人智学・アントロポゾフィー

天使学シリーズ 1
天使と人間
1995　4刷

シュタイナー著／松浦賢 訳

高次の霊的存在を考慮しない世界観は、まったく現実的ではありません。唯物論的思考から天使的ヴィジョンへと、新しい意識が目覚めるために、天使の本質を詳細に考察します。

◉定価2,330円＋税／四六判216p上製／ISBN 978-4-7565-0062-5

天使学シリーズ 2
魂の同伴者たち スピリチュアル・コンパニオンズ
1995

アダム・ビトルストン著／大竹敬 訳

教育家でキリスト者共同体司祭の著者が、シュタイナー天使学を基礎として、天使たちと神的存在の位階のすべてを優しく格調高い筆致で描き上げた感動的名作です。

◉定価2,330円＋税／四六判258p上製／ISBN 978-4-7565-0063-2

天使学シリーズ 3
悪の秘儀 アーリマンとルシファー
1995　3刷

シュタイナー著／松浦賢 訳

天使の働きを妨げ、キリストと対峙し、人類を脅かす「悪の存在」とはなにか。堕天使ルシファーと、唯物論の悪魔とも呼ばれ恐れられていたアーリマンの悪の力を解説します。

◉定価2,330円＋税／四六判232p上製／ISBN 978-4-7565-0065-6

天使学シリーズ 4
天使が私に触れるとき
1995

ダン・リントホルム著／松浦賢 訳

あなたは自分の守護天使に逢ったことがありますか？　本書は天使体験談の集大成です。一切の虚飾や誇張を排した、身近に感じられる実話ばかりを収めています。

◉定価2,330円＋税／四六判226p上製／ISBN 978-4-7565-0066-3

カルマ論集成 1+2

いかにして前世を認識するか［新装版］ 2008

シュタイナー著／西川隆範 訳

人間の運命を規定する不思議なカルマの法則。前半1部はシュタイナー独特の輪廻転生思想概論。2部『カルマの開示』は自然現象や男女、病気や事故等の具体的事例を紹介します。

◉定価4,200円＋税／四六判480ｐ上製／ISBN 978-4-7565-0109-7

カルマ論集成 3

カルマの形成［改訂版］ 2009

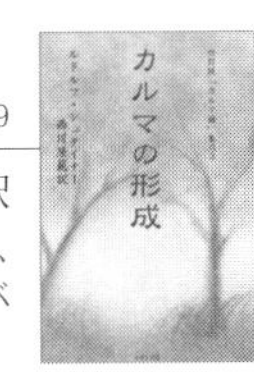

シュタイナー著／西川隆範 訳

輪廻転生を生じさせるカルマ的諸力はどのように形成され、個人の運命はいかにして決定されるのでしょうか。シューベルトや哲学者ニーチェなどの前世にも例をとりました。

◉定価2,400円＋税／四六判288p上製／ISBN978- 4-7565-0113-4

カルマ論集成 4

歴史の中のカルマ的関連 1994

シュタイナー著／西川隆範 訳

前刊の『カルマの形成』に引き続き、マルクス、エンゲルス、グリムなどの歴史上の人物に焦点をあて、彼らの人生がいかなる来世を用意するのかを読み解きます。

◉定価2,330円＋税／四六判208p上製／ISBN 978-4-7565-0060-1

カルマ論集成 5

宇宙のカルマ 1996

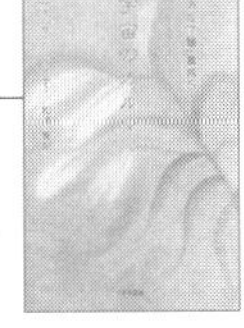

シュタイナー著／松浦賢 訳

太陽系宇宙に住む人間および人間以外の霊的存在とは？
七年周期で発展していく人間の一生と霊的宇宙の関係は何か。シュタイナー神秘学の最高峰、ここに完結です。

◉定価2,816円＋税／四六判288p上製／ISBN 978-4-7565-0067-0

Anthroposophy

人智学・アントロポゾフィー

耕文舎叢書 3

人智学講座 魂の扉・十二感覚

1998 6刷

A・ズスマン著／石井秀治 訳

通常知られている5つの感覚に人智学ならではの７つの感覚を加え、ホリスティックで有機的な人間像を解説。肉体的感覚・魂の感覚・霊的感覚の観点は世界理解の一助に。

◉定価2,800円＋税／A5判234p並製／ISBN 978-4-7565-0076-2

耕文舎叢書 5

発生学と世界の発生

2011

カール・ケーニヒ著／石井秀治 訳

人間の発生事象を認識するためには宇宙の成り立ち（進化プロセス）を辿らなければならないという、人智学的医学の観点からの驚くべきパースペクティヴをもつ講演録です。

◉定価2,800円＋税／B5判126ｐ並製／ISBN978-4-7565-0116-5

耕文舎叢書 9

認知症

シュタイナーの精神科学にもとづくアントロポゾフィー医学の治療と介護の現場から　2016

Y・F・シュティーン 著／石井秀治 訳

一般的な医療とそれを補完するものとしてのアントロポゾフィー医療の可能性や、気づかれずにいる人間の潜在的な能力に光を当て、将来に対する全く新しい見方を示します。

◉定価2,700円＋税／B5判256ｐ並製／ISBN978-4-7565-0130-1

健康と食事

1992　11刷

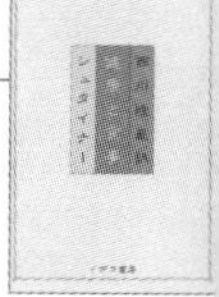

シュタイナー著／西川隆範 編訳

肉食、菜食、紅茶、コーヒー、酒、タバコ…食習慣や食べ物に関する健康上、身体上のさまざまな疑問が、シュタイナーならではの明快さで解説されます。

◉定価2,200円＋税／四六判172p上製／ISBN 978-4-7565-0043-4

耕文舎叢書 8

四つのエーテル［改訂版］

2019 改訂1刷

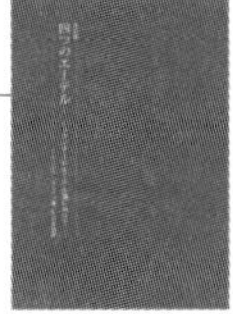

エルンスト・マルティ著／石井秀治 訳

シュタイナーが見出した<四つのエーテル、熱・光・音・生命>の働きを、自然界のなかに観察していく試みを記したもの。訳者による参考資料を巻末に置き、改訂版として刊行。

◉定価2,000円＋税／A5判並製112ｐ／ISBN978-4-7565-00138-7

耕文舎叢書 10

十二感覚の環と七つの生命プロセス

2019 2刷

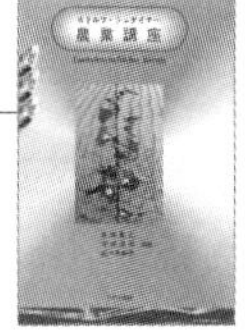

カール・ケーニヒ著／石井秀治 訳

私達はこの感覚をとおして何を体験するのか？
この感覚の器官はどこに見出されるのか？
ここに感覚領域それぞれのあり方が明らかになります。

◉定価2,200円＋税／A5判200ｐ並製／ISBN978-4-7565-0136-3

農業講座

農業を豊かにするための精神科学的な基礎

2000 4刷

シュタイナー著／新田義之・市村温司・佐々木和子 訳

エコロジカルで宇宙的なバイオダイナミック農法の基本文献が現代に甦りました。未来を見通して生態系にまで配慮した、具体的な農業上の示唆を与えてくれる一冊です。

◉定価3,400円＋税／四六判368p上製／ISBN 978-4-7565-0087-8

病気と治療

1992 8刷

シュタイナー著／西川隆範 編訳

病気治療の実践的側面に言及しつつ、現代医学では考慮されない人間の心魂と霊性という未知の領域に、人智学精神科学の光をあてる。「健康と食事」姉妹編です。

◉定価2,200円＋税／四六判190p上製／ISBN 978-4-7565-0044-1

Craft
クラフトワールド

シュタイナー教育クラフトワールド・シリーズ1

ネイチャーコーナー

1998

レーウェン&ムースコップス 著／松浦賢 訳

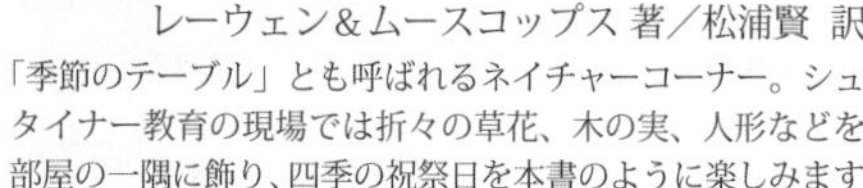

「季節のテーブル」とも呼ばれるネイチャーコーナー。シュタイナー教育の現場では折々の草花、木の実、人形などを部屋の一隅に飾り、四季の祝祭日を本書のように楽しみます。

◉定価2,500円+税／A5変形106p上製／ISBN978-4-7565-0078-6

シュタイナー教育クラフトワールド・シリーズ2

メルヘンウール

1998

ダグマー・シュミット&フライヤ・ヤフケ 著／松浦賢 訳

さまざまな色の羊毛で描くメルヘンウール絵や、メルヘンにテーマをとった羊毛で作る壁飾りや人形、動物たちなどの手法を解説。羊毛の香りと手触りが子どもの創造力を高めます。

◉定価2,500円+税／A5変形108p上製／ISBN978-4-7565-0079-3

シュタイナー教育クラフトワールド・シリーズ3

フェルトクラフト

1998

ペトラ・ベルガー 著／松浦賢 訳

簡単にできて壊れにくく柔らかい感触と、カラフルな色から生まれるマスコットたち。フェルトでの製作作業は、子どものファンタジー形成や脳の成長に良い影響を与えるでしょう。

◉定価2,500円+税／A5変形108p上製／ISBN978-4-7565-0080-

シュタイナー教育クラフトワールド・シリーズ4

メイキングドール

1999

ズンヒルト・ラインケンス 著／松浦賢 訳

シュタイナー教育の場で広く作られているヴァルドルフ人形の作り方を紹介。柔らかい自然の素材を用いて心に優しさと思いやりの気持ちを呼び起こします。

◉定価2,500円+税／A5変形104p上製／ISBN978-4-7565-0082-

シュタイナー教育クラフトワールド・シリーズ5

イースタークラフト

1999

トマス&ペトラ・ベルガー 著/松浦賢 訳

キリストの復活を祝うイースターは、春を楽しむお祭り。再生や生命の象徴である卵やウサギのクラフトで命の誕生を祝い、春の霊的雰囲気を深く体験することができるでしょう。

◉定価2,500円+税/A5変形104p上製/ISBN978--4-7565-0083-0

シュタイナー教育クラフトワールド・シリーズ6

ハーベストクラフト

1999

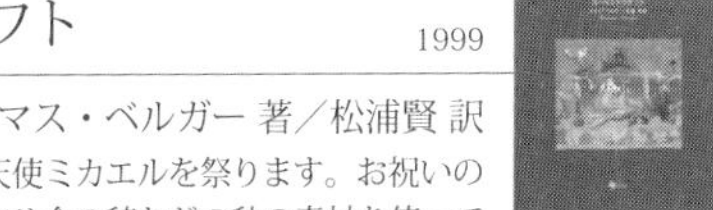

トマス・ベルガー 著/松浦賢 訳

ヨーロッパでは、秋に大天使ミカエルを祭ります。お祝いのクラフトを色づいた木の実や金の穂などの秋の素材を使って作りましょう。美しいデザインの伝統的クラフト技法も満載。

◉定価2,500円+税/A5変形104p上製/ISBN978--4-7565-0086-1

[改訂版]

ローズウインドウ&クリスマスクラフト

2015　改訂1刷

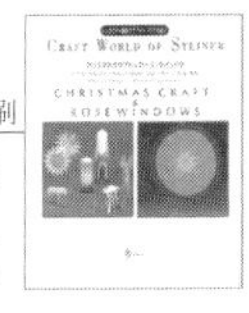

トマス・ベルガー/ヘルガ・マイヤーブレーカー著/松浦賢 訳

光と色で遊ぶローズ・ウインドウ(薔薇窓)の型紙の精度を上げ作り方の解説を解りやすく書き直した改訂版。X'mas用のキャンドル、リース、麦わらの星に天使と聖家族も。

◉定価2,800円+税/A5変形128p上製/ISBN978-4-7565-0129-5

シュタイナー教育
クラフトワールド
全7巻 [箱入り]
2002

◉定価17,800円+税/
ISBN978-4-7565-0093-9

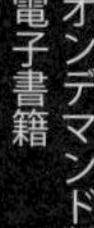

Others

■ オンデマンド版書籍　■ 電子書籍

品切中の書籍でご要望の多いものを、1冊から印刷できるオンデマンド印刷版でご提供させていただきます。

シュタイナー教育小事典・子ども編

シュタイナー著／西川隆範 編・訳

シュタイナー教育の内容をテーマ別に整理し、子どもとその教育に関する精神科学的考察の概観を与える。治療教育家養成所一覧他付録多数。●全国図書館協議会選定図書

◉定価2,345円＋税／280pオンデマンド版／電子書籍

シュタイナー教育の基本要素

シュタイナー著／西川隆範 訳

『霊学の観点からの子どもの教育』に続くシュタイナー自身による幼児教育論の全貌。深い人間洞察から着実に子どもを理解するために。　●全国学校図書館協議会選定図書

◉定価2,500円＋税／208pオンデマンド版／電子書籍

シュタイナー教育の実践

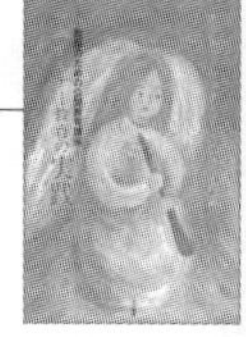

シュタイナー著／西川隆範 訳

『シュタイナー教育の基本要素』姉妹編であり、シュタイナー教育の実践編。あるべき学校像・あるべき教師像とは。子供の魂を育てる教師の在り方、学校の在り方を示唆します。

◉定価2,330円＋税／248pオンデマンド版／電子書籍

魂の幼児教育
私の体験したシュタイナー幼稚園

としくら えみ 著・絵

ドイツ・スイスのシュタイナー幼稚園に勤務し、その教育の実際を見聞した実践的レポート。著者手描図版90数点、楽譜他付録充実、幼児教育者に最適のハンドブックです。

◉定価2,233円＋税／19×17cm 120pオンデマンド版／電子書籍

神智学の門前にて

シュタイナー著／西川隆範 訳

太古から続く秘教的な教えを、自然科学的思考法に慣れ親しんだ現代人にも理解できるような新しい道を提示。人智学を学ぶために最初に読まれるべき最良の一冊です。

◉定価2,300円＋税／204pオンデマンド版

オックスフォード教育講座
教育の根底を支える精神的心意的な諸力

シュタイナー著／新田義之 訳

晩年のシュタイナーが英オックスフォード大学で行ったたいへん優れた連続講演。人智学初体験の聴衆に向けて、特別講話をはさみつつ教育の成果を自ら紹介した重要基本文献です。

◉定価2,800円＋税／296pオンデマンド版／電子書籍

教育の基礎となる 一般人間学

シュタイナー著／新田義之 訳

人間の本質」を解き明かした人智学のバイブル的な基本文献。よりいっそうの理解の為に「オックスフォード教育講座」と併せてお読み下さい。

◉定価3,000円＋税／四六判314pオンデマンド版

全ての書籍の詳細は
イザラ書房ホームページ
https://izara.co.jpをご覧ください。

書籍は下記でお求めいただけます。

※ 全国の書店
※ 全てのWeb書店
※ ブック・サービス　電話 0120-29-9625
※ イザラ書房ショッピング・カート

株式会社イザラ書房
〒369-0305
埼玉県児玉郡上里町神保原町569番地
TEL ：0495-33-9216
FAX：047-751-9226
メール：mail@izara.co.jp
ホームページ　https://izara.co.jp